VÉRITABLE

TRAIT DE VOLTAIRE

PEINT PAR LUI-MÊME

OU

BLEAU DES VICES ET DES VERTUS

DU PATRIARCHE DE FERNEY

D'APRÈS SA CORRESPONDANCE

Par l'abbé TASSY

DEUXIÈME ÉDITION

PRIX : 25 CENTIMES

PARIS

ATHOLIQUE INTERNATIONALE

ŒUVRE DE SAINT-PAUL

6, rue Cassette, 6

—

1884

VÉRITABLE

PORTRAIT DE VOLTAIRE

PEINT PAR LUI-MÊME

ou

TABLEAU DES VICES ET DES VERTUS

DU PATRIARCHE DE FERNEY

D'APRÈS SA CORRESPONDANCE

Par l'abbé [illegible]

DEUXIÈME ÉDITION

PRIX : 25 CENTIMES

PARIS

LIBRAIRIE CATHOLIQUE INTERNATIONALE

DE L'ŒUVRE DE SAINT-PAUL

6, rue Cassette, 6

1884

VÉRITABLE

PORTRAIT DE VOLTAIRE

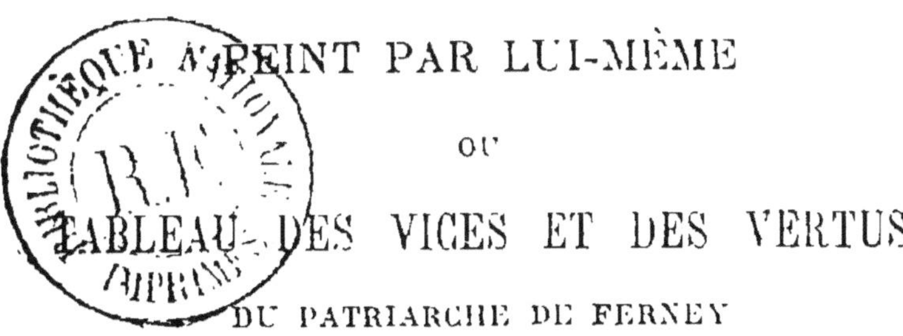

PEINT PAR LUI-MÊME

OU

TABLEAU DES VICES ET DES VERTUS

DU PATRIARCHE DE FERNEY

D'APRÈS SA CORRESPONDANCE

Par l'abbé TASSY

DEUXIÈME ÉDITION

PRIX : **25** CENTIMES

PARIS
LIBRAIRIE CATHOLIQUE INTERNATIONALE
DE L'ŒUVRE DE SAINT-PAUL
6, rue Cassette, 6

1884

PRÉFACE

Cet opuscule, composé au moment où l'on se disposait à célébrer le centenaire du chef des incrédules, devient très opportun, s'il est vrai qu'on doive pousser la folie jusqu'à lui ériger une nouvelle statue. Il faut que les grands hommes soient bien rares dans les rangs des incrédules comme parmi les démocrates, pour qu'on réitère si souvent des honneurs déjà rendus aux mêmes personnages : les Voltaire, les Diderot, les Gambetta, les Garibaldi et autres de ce calibre. Bientôt, toutes les rues, boulevards de Paris, de la banlieue et de la province ne porteront plus que les mêmes noms ; viendront ensuite les Carrier, les Collot-d'Herbois, les Marat, Robespierre ; pourquoi pas les Cartouche, les incendiaires et assassins de la Commune : ce sera intéressant pour les étrangers de voir affichés partout des noms exécrés par les honnêtes gens !

Dans l'ancienne Grèce, on élevait des statues aux sauveurs de la patrie, aux bienfaiteurs de la société, aux grands orateurs, aux braves capitaines. On montrait avec une noble fierté les statues de ces héros aux jeunes gens, en les invitant à marcher sur leurs traces. Oserait-on donner pour modèles à la jeunesse les prétendus grands hommes dont on fait aujourd'hui l'apothéose ?

Certes, la France a produit dans tous les siècles des hommes éminemment remarquables dans l'armée, le clergé, la magistrature, et dans toutes les conditions ; des hommes qui ont consacré leurs talents, leur fortune, leur énergie, leur vie même aux grands intérêts de la société : ceux-là, on les laisse dans l'oubli, parce qu'on craindrait des rapprochements peu honorables pour les ordonnateurs de nos modernes apothéoses !

TASSY,
chapelain.

La Varenne Saint-Hilaire.

VÉRITABLE PORTRAIT DE VOLTAIRE

PEINT PAR LUI-MÊME.

Préambule de la première Édition.

On se propose de fêter le centenaire de deux personnages célèbres, et on invite la France à concourir à cette solennité. Faisons tout d'abord une observation : pour les hommes illustres d'après les idées du monde, c'est ordinairement le centenaire de leur naissance, et non celui de leur mort, que l'on propose à l'admiration de leurs amis et de leurs partisans. Pour les héros du christianisme, c'est différent, parce que la mort est le moment de leur triomphe, le jour du couronnement de leurs œuvres, de leurs vertus et de leurs bienfaits. Mais qu'est-ce que la mort d'un homme qui n'est grand que selon l'opinion du monde, et surtout d'un impie, d'un incrédule ? Qu'a-t-il à attendre en ce moment, soit de la part de Dieu auquel il ne croit pas ou qu'il a blasphémé, soit de la part de ses admirateurs, qui ne voient peut-être que le néant après cette vie ? Voilà déjà une inconséquence dans cette fête que l'on prépare ; mais passons.

Avant de répondre à l'appel qu'on fait à la nation, n'est-il pas raisonnable d'examiner sérieusement si ces deux personnages méritent l'estime et la vénération des honnêtes gens, s'ils sont vraiment dignes des honneurs qu'on va leur rendre, des souscriptions et des hommages qu'on réclame pour eux, des éloges et des monuments qu'on leur destine ? Or, chers lecteurs, cette petite brochure a pour but de vous faire connaître l'un de ces deux personnages, celui qui est le plus renommé et le plus populaire; vous avez déjà nommé Voltaire.

Examinons donc de bonne foi et sans prévention si cet homme réunit les qualités voulues pour commander notre estime, notre vénération et nos hommages. S'il en est ainsi, oh! alors, approuvons hautement cette fête que l'on prépare, soyons disposés à la célébrer avec joie, avec bonheur et même avec enthousiasme; unissons nos voix et nos cœurs pour chanter les vertus et les bienfaits de ce héros, soyons fiers d'appartenir à une contrée qui a produit ce grand et illustre personnage. Mais si, en parcourant l'histoire de sa vie, nous cherchons vainement une qualité vraiment aimable, vraiment digne d'éloges, si nous n'apercevons ni vertus, ni bienfaits, propres à attirer les cœurs, à provoquer l'amour et la reconnaissance; si, au contraire, nous rencontrons dans cet homme l'assemblage de tous les vices et des vices les plus honteux, si nous sommes forcés de reconnaître qu'il y avait dans ce cœur de la haine, mais une haine féroce et persévérante contre le simple peuple, contre les écrivains les plus illustres et les plus honorables, contre sa propre patrie, contre la religion et ses ministres, contre Dieu lui-même; si on est obligé de convenir que Voltaire a travaillé pendant une longue existence et jusqu'à son dernier soupir à poursuivre de son mépris, de ses insultes, de son sarcasme tout ce qu'il y a de plus sacré au monde; s'il est incontestable qu'il a réuni tous ses efforts et tous ses talents pour corrompre et pervertir la société, en y semant l'impiété et le libertinage; il me semble que tout homme vraiment honnête, que toute personne qui se respecte doit considérer avec douleur et avec honte une fête destinée à glorifier le vice, et qui n'est propre qu'à nous déshonorer aux yeux de tous les peuples civilisés.

Il est certain qu'on trompe indignement le peuple sur le compte de Voltaire ; on ose lui dire que cet écrivain a été son meilleur ami, qu'il a plaidé sa cause, soutenu ses intérêts, et qu'il s'est dévoué à son bonheur ; tandis que, vrai despote, il le méprisait souverainement et le traitait de la manière la plus indigne, comme nous le prouverons plus bas. Il serait donc à désirer que cette notice, destinée à désabuser le bon peuple, fût répandue avec profusion dans toutes les contrées de la France ; on saurait alors ce qu'il faut penser du triste anniversaire qu'on veut célébrer à Paris.

Courte notice sur Voltaire.

Arouet, qui eut la fantaisie plus tard de changer son nom en celui de Voltaire, en haine de sa famille, et qui ne désavouait pas ceux qui ajoutaient la particule à ce nouveau nom, Arouet, dis-je, naquit à Chatenay, près de Sceaux, le 20 février 1694, et fut baptisé dans l'église de Saint-André-des-Arts ; il eut pour parrain M. de Châteauneuf, qui, comme beaucoup d'autres à cette époque, portait le titre d'abbé sans être engagé dans l'état ecclésiastique, et dont la croyance et les mœurs laissaient beaucoup à désirer. Ce faux abbé se chargea de son éducation, de concert avec une vieille courtisane incrédule, *Ninon de Lenclos,* qui lui légua sa bibliothèque, composée de livres impies et licencieux. On lui apprit à lire dans les contes de La Fontaine, ce qui n'était guère propre à former son cœur et à garantir son innocence.

A l'âge de dix ans, son père, moins pour paralyser une éducation aussi vicieuse que pour lui procurer dans l'avenir de puissants protecteurs, le plaça au collège de Louis-le-Grand, dirigé par les Jésuites. Les révérends Pères reconnurent en lui une intelligence hors ligne, mais en même temps une perversité précoce, de la haine pour tout ce qui avait rapport à la religion, et un caractère hautain et despote. A peine âgé de douze ans, il adresse à un poète quelques vers dans lesquels il ne craint pas de flétrir l'honneur de sa mère [1], et, en 1744, c'est-à-dire à l'âge de cinquante ans, il osa revenir sur cette flétrissure dans une lettre à Richelieu, en se disant bâtard d'un poète chansonnier ! Comme c'était honorable pour le fils et pour la mère !

Dans les sept ans qu'il passa au collège, il donna alternativement des preuves d'impiété et d'hypocrisie, honteuse habitude qu'il conserva dans sa trop longue existence, et presque jusqu'à ses derniers moments. Quand il recevait quelque réprimande à l'occasion de certaines pièces de vers trop libres ou irréligieux, il affectait alors de la dévotion ; ses maîtres du reste avaient su le juger en lui déclarant qu'il était dévoré de la soif de la célébrité, et que, pour y arriver, tous les moyens lui seraient bons. D'ailleurs son parrain, pour paralyser la direction morale que le filleul recevait au collège, avait soin, les jours de congé, de le conduire dans des maisons où se réunissaient des jeunes gens connus par leur impiété et leur libertinage ; et, quand il eut terminé sa rhétorique, à l'âge de dix-sept ans, il retrouva ces jeunes débauchés, dont il imita et surpassa bientôt les désordres et les scandales.

A dix-huit ans, il composa une ode pour concourir au prix de l'Académie ; mais, n'ayant pas réussi, il se vengea contre l'abbé Dujarry, son concurrent, en lui adressant une satire, où il

1. Tome XIX de ses œuvres, page 204.

ne ménageait pas plus ses juges que son vainqueur, et il le poursuivit de sa haine et de ses mépris. Son père en fut si irrité, qu'il lui interdit l'entrée de sa maison, où du reste il se conduisait fort mal. Pour s'en débarrasser tout à fait, il supplia le marquis de Châteauneuf, frère du soi-disant abbé, qui partait pour la Hollande en qualité d'ambassadeur, de l'emmener avec lui comme page. Mais à la Haye il sut déjouer la surveillance de l'ambassadeur, se lia d'amitié avec des Français qui avaient franchi la frontière pour échapper aux poursuites de la justice, et fit connaissance d'une jeune personne déjà mal famée ; pendant deux ans, il entretint une correspondance secrète avec cette fille, et dans toutes ses lettres il avait soin de l'exciter à mépriser et à insulter sa mère, qui d'ailleurs ne valait pas mieux. L'ambassadeur, indigné des désordres de son page, s'en débarrassa et le renvoya à Paris ; celle du reste qui lui avait juré fidélité ne tarda pas à le trahir, comme firent plus tard d'autres personnes de ce genre.

Le vieux Arouet, fort mécontent, avait obtenu contre ce fils incorrigible une lettre de cachet ; mais celui-ci, pour se tirer de cette situation, s'adressa à un Père jésuite, le suppliant de s'intéresser pour lui auprès du confesseur du roi. Pour arriver à son but, il dut en cette occasion, comme il l'avait fait au collège, et comme il le fera souvent dans la suite, user d'hypocrisie et simuler la dévotion. Informé de ses intrigues, le père en devient plus furieux encore et prend le parti de l'envoyer dans une île lointaine. Mais tout à coup le rusé Arouet singe le repentir, fait à sa famille les plus belles promesses, et pour calmer la colère paternelle, il consent à entrer dans le bureau d'un procureur au Châtelet. Ce fut pour peu de temps ; car le procureur ne tarda pas à le mettre à la porte : « Qu'il s'en aille au diable, » dit-il au vieux Arouet, « je n'en veux plus. »

Cette fois, la colère du père est à son comble, et il jure d'embarquer ce scélérat pour le Nouveau Monde. Or, le scélérat parvient encore à conjurer l'orage en s'adressant à ses compagnons de libertinage qui le reçoivent dans un château. N'est-ce pas que le jeune Arouet, par tout ce qu'il a fait jusqu'ici, mérite bien une statue et une solennelle apothéose, et qu'il est digne d'être proposé pour modèle à la jeunesse française ?

Divers écrits, où il attaque tantôt la religion, tantôt la mémoire de Louis XIV, le font condamner plusieurs fois à l'exil, et enfin à la Bastille ; dans sa prison, il apprend avec douleur qu'une actrice qu'il avait connue dans son exil l'avait trahi et complètement oublié ; pauvre Arouet ! comme il était peu apprécié ! Mais ce qui le consola un peu, c'est que sa captivité fut abrégée. Un puissant ami, qui était en même temps le courtisan du prince régent, obtint sa délivrance, et c'est au sortir de la Bastille qu'il renonça à son nom d'*Arouet* et se donna celui de *Voltaire*. Sur un règlement de la police de l'époque on lit cette note sur Voltaire : « Un aigle pour l'esprit, un fort mauvais sujet pour les sentiments. » C'est une réponse pour ceux qui prétendent que l'instruction suffit pour améliorer l'homme.

Pétri d'orgueil et dévoré d'ambition, Voltaire, puisqu'il faut ainsi l'appeler, saisit avec avidité toutes les occasions de courtiser les grands et puissants personnages, afin d'arriver à son but, c'est-à-dire à la fortune et à la gloire. Le jour où le Théâtre français joua son *Œdipe*, on vint lui annoncer que la duchesse de Villars fondait en larmes dans sa loge ; il s'empressa d'attirer l'attention de cette grande dame et de cultiver son amitié. La Maréchale le reçut chez elle, et contribua, comme, hélas! d'autres puissants personnages, à le mettre en relief. On l'invitait à de brillantes fêtes, à de somptueux banquets, et Voltaire, par ses poésies impies et licencieuses, amusait ces hommes et ces femmes avides de plaisirs. Ses traits satiriques ne respectaient rien; le Régent, qui lui faisait une pension considérable sur sa cassette particulière, ne fut pas à l'abri de ses coups; toutefois on le menaça, mais, au lieu de l'envoyer encore à la Bastille, on se contenta de lui interdire le séjour de Paris. Cette demi-mesure, comme cela arrive presque toujours, ne servit qu'à propager le mal au lieu de l'arrêter. Le rusé poète profita de la liberté qu'on lui laissait pour voyager de château en château, et répandre ainsi plus facilement ses calomnies, ses obscénités et ses blasphèmes. Il finit par se fixer dans un château habité par un Anglais, chassé de son pays à cause de son impiété. C'était un philosophe incrédule, un ennemi acharné de la religion, qui ne se proposait rien moins que de saper les bases de la révélation. Ces deux écrivains étaient dignes l'un de l'autre, et ils durent être enchantés de se rencontrer. Mais le rusé philosophe, plus expérimenté que son nouveau complice, lui conseilla d'abord de ménager la religion et de courtiser la puissance, en attendant l'heure propice pour les attaquer toutes deux avec plus de succès. Cédant à ces honteux et perfides conseils, qui étaient du reste conformes à ses propres inclinations, Voltaire se hâta d'encenser le Régent et son infâme entourage, et, après la mort de ce prince, il chanta les vertus de Louis XV! Il osa même écrire en faveur des financiers les plus compromis sous le rapport de la probité; ces lâches et coupables flatteries lui procurèrent la fortune, après laquelle il soupirait ; le jeu, l'agiotage, le commerce des nègres et sa conduite indélicate à l'égard de ses imprimeurs et libraires vinrent la grossir encore.

Mais, pour faire mieux connaître le personnage dont il est ici question, jetons un coup d'œil rapide sur les principaux vices qui ont déshonoré cette longue existence, et, pour qu'on ne puisse pas nous accuser d'inventer ou d'exagérer, c'est dans sa propre correspondance que nous puiserons nos assertions et nos preuves.

Principaux vices de Voltaire.

SON ORGUEIL, SA JALOUSIE, SON ESPRIT DE VENGANCE

Il avait déjà donné au foyer paternel et au collège des preuves d'un caractère altier, orgueilleux, indocile. Son père en avait cruellement souffert, et ses maîtres le lui avaient souvent reproché. Mais cet orgueil fit de nouveaux progrès, lorsqu'il jouit de son indépendance ; il ne pouvait souffrir aucune contradiction, aucune supériorité, et cette disposition le rendait souverainement injuste envers les autres écrivains ; nous en citerons quelques-uns parmi les plus marquants.

Sa conduite envers J.-B. Rousseau.

Nous avons déjà vu la vengance qu'il exerça envers l'abbé Dujarry, qui avait eu l'audace de remporter le prix d'Académie, pour lequel il avait lui-même concouru. Il fut plus injuste encore envers Jean-Baptiste Rousseau ; d'abord grand admirateur de ce poète et son ami dévoué, il devint plus tard son ennemi acharné et son persécuteur. Le 23 janvier 1722, il lui écrivait : « Qu'il le considérait comme son maître et son oracle ; il le remerciait de ses conseils, il en sollicitait de nouveaux, le suppliait de le regarder toute sa vie comme son plus zélé des serviteurs. » Mais, le poète lui ayant répondu que ses outrages à la religion lui faisaient horreur, cette franchise lui déplut, et dès ce moment il le poursuit d'une haine implacable ; il trouve sa poésie fort mauvaise [1] il l'appelle un monstre de jalousie ; il fait tous ses efforts pour l'empêcher de rentrer dans Paris ; il vient à bout, à force d'instances, de décider le prince d'Aremberg à lui retirer l'hospitalité qu'il lui donnait ; il le dénigre même après sa mort [2].

Sa colère au sujet de la Henriade.

Se trouvant au château du président Des Maisons, en 1723, il fit une lecture du poème la *Henriade*. Avant de commencer, il dit à ses auditeurs : « J'implore, non l'indulgence, mais la sévérité de mes juges » ; cependant, fatigué des observations qu'on lui fait, il se lève brusquement, jette son poème au feu en disant : Il n'est donc bon qu'à être brûlé ! Quelques jours après, il quitta le château, et à peine était-il monté en voiture, que le feu prit à la chambre qu'il avait occupée, et causa un dommage de plus de cent mille francs.

Envers l'abbé Desfontaines.

En 1724, Voltaire eut occasion de rencontrer un jeune prêtre d'un rare talent, l'abbé Desfontaines. Le rusé philosophe lui témoigna beaucoup d'amitié et s'efforça de l'attirer à son parti. Tout en admirant l'esprit de Voltaire, l'abbé ne blâma pas moins ses odieuses doctrines, et alla même jusqu'à faire la critique de ses ouvrages. Dès lors tout changea de face ; le très sensible écrivain

1. Lettre à Thiériot, juin 1723. — 2. Lettres à Berger en 1736 et 1738.

lança contre lui un libelle, intitulé le *Préservatif*, contenant des accusations dont il avait lui-même démontré la fausseté. Desfontaines attaqua vivement cet écrit, ainsi qu'un autre ouvrage du philosophe, qui avait pour titre : *Eléments de physique mis à la portée de tout le monde.* L'abbé parodia ce titre et le remplaça par ces paroles : *mis à la porte de tout le monde.* L'irascible écrivain ne lui pardonna jamais ce cruel badinage. En février 1736, il écrivit à Berger : « Qu'est devenu l'abbé Desfontaines ? dans quelle loge a-t-on mis ce chien enragé qui mordait ses maîtres ? » Beau langage, n'est-ce pas ? « J'avais ôté », écrit-il à Thiériot[1] « ce monstre subalterne de l'*Ode à l'Ingratitude ;* mais il vaut mieux gâter Desfontaines que mon ode ».

L'abbé lui montra qu'il n'était point un niais, et lança la *Voltairomanie*, qui fit un grand bruit et qui rendit malade de chagrin et de dépit l'orgueilleux philosophe ; car il s'arrogeait bien le droit d'attaquer tout le monde, mais il n'était permis à personne de le contredire. Dans ce pamphlet, le critique racontait en détail les disgrâces, les déboires, les mensonges et les fourberies du grand homme. Dans sa rage Voltaire écrivit au marquis d'Argent : « L'abbé Desfontaines, votre ennemi, le mien, celui de tout le monde, vient de faire contre moi un libelle diffamatoire, si horrible, qu'il a excité l'indignation publique contre l'auteur. » Quelle modestie ! il faut que tout le monde partage sa colère ; le public, au contraire, n'était pas pour lui, mais bien de l'avis de Desfontaines. Le 9 janvier 1739, il exprime à Thiériot sa vive indignation au sujet du libelle de Desfontaines ; il le supplie de le poursuivre ; il se dit déshonoré, si ce libelle subsiste et se répand ;

1. Septembre 1736.

l'intérêt public exige, selon lui, qu'il soit poursuivi ; il verse des larmes en pensant au libelle de ce scélérat. Qui pourrait ne pas mêler ses larmes à celles de Voltaire ?

Au comte d'Argental il adresse ces lignes où percent sa haine et son dépit : « Au nom de Dieu : que j'obtienne satisfaction ! Ne pourrais-je pas obtenir du moins qu'on brûlât le libelle[1] ? » C'est toujours la tolérance des ennemis de la religion, des libres-penseurs, des radicaux de nos jours ; pour eux la liberté de la calomnie et de l'insulte ; pour ceux qui sont injustement attaqués, défense de repousser la calomnie. Pour contenter la haine de Voltaire, il aurait fallu brûler le livre et même l'auteur ; au besoin, il aurait mis le feu lui-même. Mais cet esprit vindicatif trouve fort mauvais qu'on le poursuive lui-même, lorsqu'il attaque tout ce qu'il y a de plus sacré. Pendant trois mois il laisse de côté toute autre occupation, il ne pense qu'à tirer une vengeance éclatante de Desfontaines ; il intrigue auprès des ministres, du chancelier, du chef de la police, et ne se console qu'en apprenant les poursuites du procureur du roi. Cependant, comme ce procès lui aurait coûté trop cher, il déclara qu'un désaveu lui suffirait. Desfontaines, menacé de voir supprimer ses feuilles périodiques, y consentit. Ainsi se termina cette grosse affaire.

Envers Fréron.

Après l'abbé Desfontaines vient Fréron, qui lui succéda dans la *Semaine du Parnasse* ; c'était un écrivain d'un grand talent, et un homme digne de grande estime. Or voici ce qu'en pensait Voltaire : « Permet-on », dit-il à d'Argental, « que ce coquin de Fréron succède à ce maraud Desfon-

1. 6 février 1739.

taines ? Pourquoi souffrir Raffiat après Cartouche? est-ce que Bicêtre est plein ! Ce n'est pas assez de rendre Fréron ridicule, l'écraser est le plaisir [1]. » Et il le calomnie d'une manière odieuse auprès de Frédéric qui le réclamait comme correspondant. Il lui adresse les épithètes les plus injurieuses ; il l'appelle un ignorant, un énergumène, un fripon, un monstre, une bête, un Tartare, un cagot, un cuistre, un pédant ! Est-ce assez d'insultes ? non, écoutez, si vous avez assez de courage ; il le nomme encore un « chien barbet, un âne, une chenille, un vermisseau, un escroc, etc. » A-t-on jamais trouvé sous la plume du plus grossier écrivain un langage plus ignoble ? Et voilà le grand homme !

Sa dureté envers un pauvre vieillard.

Après avoir échoué deux fois dans ses démarches pour être admis à l'Académie française, il parvint enfin à son but en 1746 ; mais bien des gens virent avec peine que cet écrivain fût reçu dans un corps si respectable, malgré ses œuvres impies et licencieuses. (De nos jours on n'est pas si scrupuleux.) Parmi plusieurs écrits satiriques qui parurent contre le nouvel académicien, deux surtout excitèrent sa fureur ; il jura de se venger d'une manière éclatante, et, selon son habitude, il s'adressa à la police pour obtenir l'ordre de faire incarcérer l'auteur de ces deux écrits. Mais cet auteur était inconnu, lorsqu'on vint lui annoncer qu'un musicien de l'Opéra facilitait le débit de ces brochures. Celui-ci fut averti du danger qui le menaçait, et il parvint à se sauver. Voltaire eut la cruauté de faire traîner à la Bastille le père du musicien, un vieillard infirme ; mais cette

1. Lettres au comte d'Argental, 21 juillet 1749 et 15 février 1761.

conduite excita une telle indignation dans le public, qu'on le fit bientôt sortir de prison ; et ce malheureux vieillard vint se jeter aux genoux de l'académicien pour solliciter le pardon de son fils. Le fourbe le promit ; mais c'était une ruse pour connaître le lieu de sa retraite. Le père indigné intente un procès à Voltaire, qui se ravise alors et fait les plus humbles supplications pour arrêter le procès. Toutefois, dans cette occasion, il fut rudement châtié dans son avarice et dans son amour-propre ; car il fut condamné à 500 fr. de dommages-intérêts envers le pauvre vieillard, bafoué par les avocats, et il eut la douleur de voir les libelles, dont il se plaignait, réimprimés et répandus dans le public.

Sa conduite envers un académicien, et réprimande qu'il reçoit.

Peu après sa réception à l'Académie, il traita d'une manière fort injurieuse un de ses confrères, qui n'était pas de son avis sur un point de littérature ; il voulait dominer partout et toujours. A cette occasion, Fontenelle lui donna une leçon bien amère pour son orgueil : « Monsieur Voltaire », lui dit-il, « vous justifiez bien la répugnance que nous avions de vous admettre parmi nous. » Vivement froissé de cette réprimande, et voyant qu'il ne pourrait dominer au sein de l'Académie, il cessa d'y paraître.

Sa duplicité et sa haine envers les Jésuites.

Ancien élève des Jésuites, il avait témoigné beaucoup d'attachement et de respect pour le P. Porée, son professeur de rhétorique ; le portrait de ce savant ornait son cabinet. Il lui déclara qu'il se souviendrait de lui toute sa vie avec la plus tendre reconnaissance et la plus parfaite estime ; il se dit son fils dévoué (il avait alors 36 ans), lui soumet son poème *La Henriade*, le suppliant de lui dire s'il a parlé de la religion en termes respectueux, tout disposé à corriger ce qu'il y aurait d'inconvenant. Il ambitionne son estime comme auteur et comme chrétien ; il recommande à son ami Thiériot d'aller trouver les Jésuites, pour leur assurer un attachement inviolable : qu'il le leur doit comme leur ancien élève ; ce serait être un monstre de ne pas aimer ceux qui avaient soigné son âme ! Il a donc été quelque chose de plus qu'un monstre, puisqu'il ne s'est pas contenté de les haïr, mais qu'il les a calomniés et persécutés. Dans une lettre au P. Delacour, il fait le plus grand éloge de ces religieux. Mais, ayant lu, dans le journal de Trévoux, que le P. Berthier lui refusait le titre de *Sophocle français*, d'*Homère de la France*, l'orgueilleux poète regarda cela comme un crime impardonnable ; dès ce moment, il devint l'ennemi forcené de tous les Jésuites et travailla de tout son pouvoir à perdre la célèbre compagnie. « Il faudrait », écrivait-il à Thiériot, « faire travailler aux grands chemins tous ces animaux-là, Jésuites, Jansénistes, avec un collier de fer au col. » Au comte d'Argental, il dit « qu'il faudrait tirer à balle sur ces gens-là. » Ce vœu barbare, exprimé par un tyran, a été exécuté par les communards ; l'ombre de Voltaire a dû tressaillir de joie.

Il avait osé écrire que « pour amener une conciliation, il serait bon d'étrangler le dernier Jésuite avec les boyaux du dernier Janséniste [1]. » En s'adressant au marquis de Villevieille, il formulait ce vœu digne d'une bête féroce [2] : « *Puisse-t-on* exterminer de la terre tous les moines !. » « Une chose bien consolante », disait-il, c'est

1. Lettre à Helvétius en mai 1761. — 2. Avril 1767.

d'apprendre que plusieurs Jésuites avaient été pendus ou brûlés vifs en Portugal [1]. » Ses libelles diffamatoires ayant contribué à l'expulsion de ces religieux, il en fut au comble du bonheur ; il en exprimait sa joie à d'Alembert ; il se moquait d'eux d'une manière ignoble ; car, disait-il, « il n'y a rien de bon que de se moquer de tout », excepté de lui, le misérable ! L'impiété était parvenue à faire chasser les Jésuites de la France, de l'Allemagne, de l'Espagne, de l'Italie, du Portugal ; ce n'était pas assez pour les philosophes, apôtres de la tolérance. Voltaire et d'Alembert sollicitèrent un prince protestant et libre-penseur, Frédéric II, à les chasser également de la Prusse ; le Roi répondit qu'il n'avait pas trouvé de meilleurs professeurs et de meilleurs sujets que les Jésuites, et il écrivit au chef des incrédules qu'il fallait conserver ces religieux ou laisser périr les écoles. Voilà une rude leçon donnée à ce singulier philosophe et à ses imitateurs. L'impératrice de Russie les conserva aussi, malgré les vives sollicitations de leurs ennemis.

Sa conduite à l'égard des Jésuites était si révoltante, qu'Helvétius lui-même en fut indigné et qu'il lui adressa de vifs reproches. — Et dire que cet homme avait juré une amitié et une reconnaissance éternelles à ces religieux, qu'il les avait souvent consultés sur ses ouvrages, qu'il avait imploré leur protection pour être admis à l'Académie, qu'il leur avait adressé les plus grands éloges, et qu'il leur avait écrit en 1746 ces paroles si étonnantes et si vraies : « Qu'on mette en parallèle les *Lettres provinciales* et les *Sermons* de *Bourdaloue ;* dans les premières, on apprend l'art de railler et d'insulter avec éloquence ; dans Bourdaloue, on apprend à être sévère envers soi-même

1. Lettre à Cideville, 24 octobre 1759.

et indulgent pour les autres. Rien de plus inique», ajoute-t-il, « que d'accuser de morale relâchée des hommes qui mènent en Europe la vie la plus pure, et qui vont chercher la mort au bout de l'Asie et de l'Amérique » ; mais alors !

Envers Lefranc de Pompignan.

Sa tactique était d'exalter les écrivains qui abondaient dans son sens, mais d'abaisser tous ceux qui lui faisaient ombrage, ou qui avaient l'audace de soutenir des opinions contraires à ses opinions personnelles ; et ses armes habituelles étaient les plaisanteries et les injures ; il n'aimait pas les discussions, parce qu'il savait bien qu'il n'aurait pas l'avantage, tandis qu'il était habile à manier le sarcasme et la calomnie. Lefranc de Pompignan avait d'abord mérité les bonnes grâces de l'orgueilleux philosophe, qui vantait la facilité de sa poésie et l'élégance de ses vers. Mais dans son discours de réception à l'Académie, il eut le courage d'élever la voix pour la religion contre les prétendus philosophes ; à partir de ce moment il devint à ses yeux un écrivain fort médiocre et l'objet des satires les plus sanglantes. Quel cas peut-on faire du goût et du jugement d'un critique dont les appréciations changent si facilement ?

Envers les plus illustres écrivains.

Du reste, les plus illustres poètes, les plus habiles écrivains, les plus beaux génies ne trouvent pas grâce devant ce fier potentat. Aristote, Platon, saint Thomas d'Aquin, les deux Corneille, Racine, Crébillon, Bossuet, Fénelon, Massillon, Montesquieu, Gresset, Boileau, La Fontaine rencontrent en lui un critique jaloux, sévère, souverainement injuste ; il avait cité souvent Boileau comme son maître, mais ce poète perd son estime, parce que l'abbé Batteux avait mis le *Lutrin* au-dessus de la *Henriade* ; il regarde Racine comme un écrivain faible ; Corneille, il le déchire dans ses commentaires ; Lafontaine, il ne lui trouve bonnes qu'une trentaine de faibles ; le chancelier d'Aguessau, il l'appelle un persécuteur de toute vérité, un mauvais cartésien, un faux savant, un faux honnête homme [1]. » Dans ses tragédies il avait imité Sophocle, Maffey et Crébillon, et pour abaisser ces trois poètes, il falsifie le texte du premier, critique injustement le second, et insulte le troisième. Le président Desbrosses était candidat à l'Académie, Voltaire se hâte d'écrire à d'Alembert pour empêcher son élection ; il va jusqu'à dire qu'il renonce à son titre d'académicien, si on reçoit Desbrosses. A la cour du roi Stanislas, qui lui avait donné l'hospitalité, il apprend qu'on allait représenter aux Italiens une parodie de *Sémiramis* ; il en est désolé, et, pour l'empêcher, il emploie l'intervention du roi ; il écrit à la reine de France, à Mme de Pompadour, aux ministres, aux gentilshommes de la Chambre, aux plus grands seigneurs et aux plus puissantes Dames de la cour. En 1741, il écrivait à Maupertuis : « Je vous conjure de ne jamais croire que je puisse ni penser, ni parler de vous d'une manière qui vous déplaise » ; et, en 1732, il compose contre lui les libelles les plus sanglants, quoique celui qu'il attaquait ainsi fût alors sérieusement malade. Voltaire, cependant, avait prononcé ces paroles sentimentales : « J'ai toujours pensé, j'ai dit, j'ai écrit que les gens de lettres devraient être tous frères. » Les faits que nous venons de citer, et bien d'autres que nous passons sous silence, démontrent le cas qu'il faut faire et qu'il faisait lui-même de cette belle maxime.

1. Lettre à d'Alembert, 8 mai 1761.

Envers J.-J. Rousseau.

Mais il y a un homme du moins que Voltaire a dû aimer d'une manière toute particulière, un écrivain avec lequel il a dû entretenir les relations les plus cordiales et les plus affectueuses : cet homme, cet écrivain, c'est J.-J. Rousseau. Comment en serait-il autrement, puisqu'ils étaient étroitement unis par la même haine contre la religion, puisqu'ils travaillaient avec la même ardeur à la calomnier et à l'anéantir ? Détrompez-vous, chers lecteurs, ces deux hommes, ces deux philosophes, se détestaient dans toute la force du terme. Sans doute, dans le principe, J.-J. Rousseau avait de l'estime et du respect pour Voltaire, et celui-ci lui reconnaissait du mérite et le félicitait sur son *Héloïse ;* mais son amitié ne dura pas longtemps. J.-J. eut l'imprudence de reprocher au chef des philosophes de corrompre la république de Genève pour prix de l'hospitalité qu'elle lui donnait ; c'en fut assez pour soulever la haine de celui qui n'était pas fait pour recevoir un avertissement, et surtout une réprimande ; vivement froissé par l'observation de son confrère en impiété, il lui adresse, selon son habitude, les plus basses et les plus violentes injures. Le 17 juin 1760, Rousseau avait écrit cette lettre à Voltaire : « Je ne vous aime point, Monsieur, vous m'avez fait les maux qui pouvaient m'être les plus sensibles, à moi, votre disciple et votre enthousiaste ; vous avez perdu Genève pour prix de l'asile que vous y aviez reçu ; vous avez aliéné de moi mes concitoyens pour le prix des applaudissements que je vous ai prodigués parmi eux ; c'est vous qui me rendez le séjour de mon pays insupportable ; c'est vous qui me ferez mourir en terre étrangère, privé de toutes les consolations des mourants... Je vous hais enfin, puisque vous l'avez voulu. » Dans une lettre à M. de Maltou : « Vous me parlez de Voltaire », dit-il, « pourquoi le nom de ce balladin souille-t-il vos lettres ? le malheureux a perdu ma patrie ; je le haïrais davantage si je le méprisais moins. Je ne vois dans ses grands talents qu'un opprobre de plus qui le déshonore par l'indigne usage qu'il en fait. Ses talents ne lui servent, ainsi que ses richesses, qu'à nourrir la dépravation de son cœur. » Ailleurs, il l'appelle un polichinelle, un crocheteur, un homme arrogant et brutal, etc. Ce n'est pas doucereux, comme on voit ; mais il faut convenir que c'est du miel à côté du langage ignoble, ordurier du grand Voltaire. Citons quelques fragments de ses lettres à ses affidés :

A d'Alembert, voici ce qu'il dit : « Parmi les philosophes, c'est contre J.-J. que je suis le plus en colère. Cet archifou trouve quatre ou cinq douves pourries du tonneau de Diogène, il s'y met dedans pour aboyer. Il m'écrit, *à moi*, la plus impertinente lettre que jamais fanatique ait griffonnée. » Voici de quelle manière il traite le philosophe de Genève : il l'appelle « un étrange fou, un bâtard de Diogène, un petit homme né dans la fange, pétri d'orgueil, d'avarice et d'ignorance, un coquin ; » il n'aime ni ses ouvrages, ni sa personne. L'auteur de *La nouvelle Héloïse* « n'est qu'un polisson malfaisant ». Dans la parodie qu'il fait de cette œuvre, il a recours à des injures et à des obscénités que la pudeur défend de citer. Dans une autre lettre au même philosophe, il appelle J.-J. « l'homme le plus mal élevé qui soit au monde, un monstre d'ingratitude et d'insolence » ; écrivant au duc de Richelieu, il nomme Rousseau « un philosophe des Petites-Maisons ». A Cideville, il renchérit : « Je crois », dit-il, « que la chienne d'Erostrate ayant rencontré le chien de Diogène, fit des petits, dont J.-J. est descendu en droite ligne. » On rougit de reproduire des paroles si ignobles; mais il faut bien faire connaître l'homme qui doit être l'objet d'une apothéose !

« J.-J. eût été un Paul », écrit-il à Damilaville, « s'il n'avait pas mieux aimé être un Judas. » A M. Vernet : « On dit que J.-J. fait des fagots comme le médecin malgré lui ; il en a tant conté qu'il est bien juste qu'il en fasse »; à Marmontel, il dit que J.-J. est un polisson insolent, l'opprobre des philosophes ; que son sang est composé de vitriol et d'arsenic ; qu'il est enragé contre le genre humain ; que c'est un pesant magot boursouflé d'orgueil, un ignoble babouin. » A d'Alembert, il écrit : « que J.-J. a le cœur aussi faux que l'esprit, qu'il est le Judas de la confrérie philosophique, un petit singe fort bon à enchaîner et à montrer à la foire pour un sou ; il mériterait la haine, s'il n'était accablé du plus profond mépris ; c'est le plus méchant coquin qui ait jamais déshonoré la littérature ; il a abandonné tous ses enfants naturels ; il n'y a jamais eu de pareil monstre dans la littérature. »

« Le polisson, le polisson, » écrivait-il à Damilaville, le 28 juillet 1765, « s'il vient au pays, je le ferai mettre dans un tonneau avec la moitié d'un manteau sur son vilain petit corps à bonnes fortunes. » Dans une autre lettre au même, en décembre 1765, il déclare « que J.-J. ne lui paraît bon qu'à être oublié. » A d'Alembert, 28 août de la même année, il dit : « Quand on a donné des éloges à ce polisson, c'est alors qu'on offrait une chandelle au diable. » A M. Desborde, 29 novembre 1766, « il reproche d'avoir attribué à J.-J. du génie et de l'éloquence; il ne lui trouve aucun génie, il déclare que son détestable roman d'*Héloïse* en est absolument dépourvu, son *Emile* de même, et tous ses autres ouvrages sont d'un déclamateur, qui a délayé dans une prose souvent inintelligible deux ou trois strophes de l'autre Rousseau. J.-J. n'est qu'un malheureux charlatan qui, ayant volé une petite bouteille d'élixir, l'a répandu dans un tonneau de vinaigre, et l'a distribué au public comme un remède de son invention. » A M. de Rochefort, 29 octobre 1766, il écrit : « J.-J. me paraît un charlatan fort au-dessous de ceux qui jouent sur les boulevards ; c'est une âme pétrie de boue et de fiel ; il mériterait la haine, s'il n'était accablé du plus profond mépris. Ah ! le faquin ! ah ! le petit polisson ! ah ! le petit singe ! il me payera ça, si je retrouve ce charlatan, ce tonneau (le grand homme avait une prédilection pour le tonneau !) de vinaigre, où se trouve à peine mélangé un filet d'espr... de vin. »

Voilà, je pense, assez et beaucoup trop d'outrages et d'ignominies ! Est-ce possible que des hommes d'esprit et de talent s'avilissent à ce point ? Et l'on a le triste courage de vouloir proposer ces deux hommes à la vénération du public, aux hommages de la France, au moment de l'exposition universelle ; et l'on ne craint pas de devenir la risée de tous les honnêtes gens de l'Europe ! On veut célébrer le même jour, à la même heure, une fête solennelle en l'honneur de ces deux écrivains qui se méprisaient réciproquement, qui s'adressaient les injures les plus grossières et les plus ignobles ! Mais s'ils pouvaient parler, ils protesteraient avec rage contre ce rapprochement, ils se montreraient les poings. — Un peu de pudeur, s'il vous plaît, grands admirateurs de ces misérables personnages. Respectez la France.

Nous avons vu jusqu'à quelle limite l'illustre patriarche des incrédules poussait sa haine, sa jalousie et son esprit de vengeance. — Examinons quelques-unes de ses autres qualités.

Sa maxime sur le mensonge et sa duplicité.

Il y a une maxime qui était bien chère au cœur de Voltaire, et que tout le monde connaît ; il avait une extrême propension à mentir, et son principe était que le mensonge n'est un vice que lorsqu'il fait du mal. Voici les conseils qu'il donnait à ses amis : « Mentez, non pas timidement, non pas pour un temps, mais hardiment et toujours[1]. » « Mentez, mes amis, mentez, je vous le rendrai à l'occasion[2]. » La belle morale ! Et il avait soin de la mettre en pratique ; un jour il écrivait au même Thiériot : « Je vous aime, et ne vous trompe pas. » Et, la veille, il disait à d'Argental[3] : « Thiériot est une âme de boue, aussi lâche que méprisable. » Que dire de sa conduite à l'égard de d'Arnaud à la cour de Berlin ? Jaloux de cet écrivain, il le calomnie et le dénigre auprès de Frédéric, et en même temps il lui écrit : « Je vous embrasse, je vous aime, parce que vous faites de bons vers et que vous êtes un bon cœur[4]. » Il ne faut pas s'étonner si dans ses œuvres d'histoire et de polémique on rencontre tant de mensonges et de fausses citations. Il déclare lui-même que, pour être historien, il n'est pas besoin de critique ni de recherche, il suffit d'instruire et de charmer son lecteur. Il disait à l'abbé Guénée, lorsqu'il n'avait rien à répondre à ses observations, « qu'il lui importait beaucoup d'être lu, mais peu d'être cru. » Dans son *Histoire générale*, il met sur le compte des Croisés certains désordres à Constantinople ; l'abbé Vely lui ayant demandé où il avait déterré ces faits : « Qu'importe, » répondit-il, « que l'anecdote soit vraie ou fausse? Quand on

1. Lettre à Thiériot, 21 oct. 1736. — 2. Au même, 28 oct. — 3. 18 janv. 1739. — 4. Lettre à d'Arnaud, 28 nov. 1848.

écrit pour amuser le public, faut-il être si scrupuleux à ne dire que la vérité? » Et dire que tant de gens jurent sur la parole de cet histrion !

Dans son odieuse conduite à l'égard de Grasset, à l'occasion d'un exemplaire de la *Pucelle*, Voltaire donne une idée de sa véracité ; dans l'espace d'un mois il raconte le fait de trois manières différentes dans trois lettres adressées, en 1755, au duc de Richemont, à Mme Desfontaines, et au comte d'Argental. Le roi de Prusse, à l'occasion d'une bataille perdue par les Français, le 23 juin 1758, adresse au duc de Brunswick une ode satirique, dans laquelle Louis XV, la marquise de Pompadour et la nation étaient insultés ; il eut l'imprudence de l'envoyer à Voltaire, en lui recommandant de n'en pas laisser prendre copie. Le véridique écrivain s'empressa de lui répondre que sa nièce avait brûlé l'ode [1] ; et il la fit passer au duc de Choiseul qui la mit sous les yeux de Louis XV. Cette fourberie coûta la vie à plusieurs milliers d'hommes, parce qu'elle fit prolonger la guerre. En composant sa *Mérope*, il avait pris dans un poète italien, le marquis de Maffey, les plus belles scènes d'une tragédie du même nom, et il avait dédié sa pièce à cet auteur ; en même temps il s'adressait à lui-même une lettre signée sous un faux nom, et dans laquelle il critiquait amèrement l'œuvre du poète italien.

Il écrivait et avait fait écrire aux Jésuites pour leur témoigner son estime, son respect, son affection ; il soumettait ses œuvres à leur appréciation, et, en même temps, il les insultait et les diffamait dans de sanglantes épigrammes, à tel point qu'Helvétius lui-même trouva cette conduite indigne et déshonorante. Toutes les fois qu'un livre infâme sort de sa plume, il recommande à

1. Lettre à Frédéric, 19 mai 1759.

ses amis de déclarer que cet ouvrage ne lui appartient pas, si son apparition pouvait lui causer quelque désagrément ; on compte jusqu'à deux cents ouvrages licencieux qu'il a fait passer sous de faux noms, ne craignant pas de compromettre d'autres écrivains. Dans une lettre au comte d'Argental, janvier 1766, il ose dire qu'il aimerait autant qu'on l'accusât d'avoir fait rouer Calas, que de lui imputer d'avoir persécuté un homme de lettres. Les faits cités plus haut répondent à cet audacieux mensonge.

Collini, son secrétaire, voulant faire une édition des œuvres du maître, lui demanda son assentiment ; Voltaire lui répondit : « Je ne peux que remercier quiconque veut bien se donner la peine d'imprimer mes faibles ouvrages, pourvu qu'on n'y insère rien contre la religion catholique que je professe, rien contre l'Etat dont je suis membre, ni contre les mœurs que j'ai toujours respectées[1]. » Peut-on être fourbe à ce point ! Après cette réponse le secrétaire renonça à son projet ; que pouvait-il faire ?

Autres maximes immorales.

Outre sa honteuse maxime sur le mensonge, il avait d'autres principes de morale non moins coupables. Le 10 octobre 1736, il écrivait à Berger : « Le plaisir est le but universel ; qui l'attrape a fait son salut. » Dans sa vieillesse, il ne rougissait pas de faire cette déclaration : « Je veux créer le plaisir et corrompre toute la jeunesse[2]. » Son bonheur était d'introduire en contrebande dans Genève les livres les plus immondes, en y mêlant des livres de piété, de remplacer les catéchismes des enfants par des brochures obscènes. Et il avait alors 73 ans !

1. Lettre à Collini, 4 avril 1761. — 2. Au comte d'Argental, 4 septembre 1760.

Sa cupidité et ses lésineries.

Né de parents de modeste condition, il est mort millionnaire; d'où venait cette fortune? Son père l'avait déshérité, et il soutint un procès pour attaquer le testament, qui d'ailleurs ne pouvait lui rapporter beaucoup ; le peu qu'il avait venait de l'héritage de son frère. Ses amis prétendent que la *Henriade* lui avait procuré un gros bénéfice à Londres; mais il avoue lui-même que ce poème lui avait coûté autant d'argent en France qu'il en avait retiré en Angleterre. On dit aussi qu'il avait fait un gain considérable dans une loterie ; mais, comme on lui contestait la légitimité de ce gain, il se hâta d'empocher l'argent et de gagner la frontière. Il paraît qu'il avait également réalisé des bénéfices un peu suspects dans certaines entreprises, comme la fourniture de l'armée, le commerce des nègres, et dans ses traités avec les imprimeurs et les libraires; il vendait ses ouvrages à plusieurs éditeurs à la fois, et quand ceux-ci se plaignaient trop haut, il changeait quelques phrases à ses manuscrits et prétendait alors que c'était une nouvelle édition corrigée. Il avait intenté des procès à quelques-uns de ses libraires, les avait fait mettre en prison et les avait ainsi complètement ruinés. Ainsi, à Amsterdam, il passa un traité avec un libraire pour une édition complète de ses œuvres; à son retour il s'arrête à Rouen et fait également tirer une autre édition complète, et, afin que celle d'Amsterdam ne nuise pas à celle de Rouen, il fait interdire à la première l'entrée en France. Il prêtait aussi à gros intérêts, et il poursuivait impitoyablement ses débiteurs, même son frère.

Frédéric lui offrit une place de chambellan, la grand-croix de l'ordre du mérite et une pension de vingt mille francs. Voltaire accepte avec empressement ; mais il aurait voulu recevoir une autre somme de seize mille francs pour frais de déplacement. A la cour il fut magnifiquement logé ; il avait une table très bien servie, de brillants équipages à sa disposition (les démocrates savent se résigner à ce genre de vie). Eh bien ! malgré ces grands avantages, il faisait mille difficultés sur certaines fournitures, comme les bougies, le café et autres minutieux détails. Le roi lui ayant dit que ces soucis n'étaient pas dignes de lui, que fait l'harpagon ? Il vend les bougies qu'on lui fournissait chaque mois, et, pour s'éclairer en sortant des appartements du roi, il emporte chaque soir une des plus belles bougies, qu'il ne rend jamais. Quelle lésinerie dans ce grand homme !

Ayant un deuil de cour à porter et ne voulant pas faire la dépense d'un habit noir, il emprunta celui d'un négociant, et, comme il était trop large pour lui, il le fit rétrécir et, après s'en être servi, il le renvoya en cet état au négociant.

Ces détails ont été racontés par un professeur de grammaire à la cour de Berlin. Voici d'ailleurs avec quelles largesses il récompensait ceux qui travaillaient pour lui :

Un certain chevalier de Mouchy, chargé de lui faire parvenir des faits, des nouvelles, etc., recevait, pour prix de ses salaires, deux cents francs par an. Un nommé Lamarre, qui lui fournissait des extraits, des préfaces, etc., recevait par an de cinquante à cent cinquante francs. Déjà plusieurs fois millionnaire, il souffre d'être logé gratuitement par son libraire à Rouen ; il renvoie son domestique à qui il donnait un franc par jour, et se borne à donner trois sous, par jour aussi, à la personne qui le sert et fait ses courses. On pourrait citer bien d'autres faits de ce genre, qui prouvent que l'illustre philosophe poussait l'avarice jusqu'à ses dernières limites.

Ainsi, malgré sa grande fortune, il ose se faire exempter de toute contribution et léser ainsi le trésor public. Sa nièce, Mme Denis, qui le connaissait parfaitement, lui reproche amèrement cette avarice sordide : « L'avarice vous poignarde », lui dit-elle, « l'amour de l'argent vous tourmente ; ne me forcez pas à vous haïr. Vous êtes le dernier des hommes par le cœur. Je cacherai, autant que je pourrai, les vices de votre cœur. » C'est Voltaire lui-même qui, dans une lettre au comte d'Argental, 10 mars 1754, raconte ce que lui écrivait sa nièce.

Son ambition.

Voltaire dit dans une lettre qu'il ne tenait ni à l'argent, ni aux honneurs, ni aux décorations ; or, toute sa conduite proteste contre cette affirmation. Nous avons déjà cité bien des traits de sa cupidité et de son avarice. Quant aux honneurs, il est certain qu'il fit bien des démarches pour être admis à l'Académie ; il sollicita à plusieurs reprises l'intervention de deux évêques, des Jésuites et autres personnages, et il ne réussit enfin qu'après avoir éprouvé deux échecs. Or, cette place qu'il avait trouvée d'abord si méprisable, il la désirait si ardemment, qu'il se soumit à des conditions qui durent singulièrement coûter à son amour-propre et à son impiété : de faire l'éloge des Jésuites, d'adresser une profession de foi au Provincial, et d'écrire contre un journal qui avait maltraité l'évêque de Mirepoix, prélat qu'il avait lui-même tant déchiré. Il est certain également qu'il demanda et fit demander au roi de Prusse la croix du mérite. Etait-il indifférent pour les honneurs, celui qui demandait et faisait demander avec instance la souscription du roi de Prusse et de l'impératrice de Russie pour une statue que ses amis voulaient lui ériger[1] ? On peut dire qu'il était passionné pour les honneurs et les distinctions ; n'est-ce pas d'ailleurs ce qu'ont toujours fait les prétendus démocrates ? N'a-t-on pas vu les plus fougueux démagogues de la première Révolution solliciter du premier Empire les dignités de chambellan, de sénateur, et couvrir leur poitrine de décorations ? Autre preuve de son dédain pour les honneurs : il eut recours à la protection du marquis d'Argenson et de la marquise de Pompadour pour se faire nommer gentilhomme de la chambre du roi ! Avec les mêmes protecteurs il voulait obtenir le poste d'agent de France en Angleterre ; mais cette fois son ambition échoua.

On a dit qu'il dédaignait les distinctions de la naissance ; pourquoi alors à Rouen se fait-il passer pour un seigneur anglais ? pourquoi à Worms se donne-t-il pour un seigneur italien ? pourquoi voyage-t-il en Hollande sous le nom de comte de Révol ? pourquoi, plus tard, sous le titre de comte de Tourney ? pourquoi encore dans une lettre au chancelier Maupeou, 20 décembre 1773, est-il si fier de la noblesse de son neveu ? pourquoi enfin écrit-il au Roi de Prusse, en sollicitant l'ordre du mérite, que la charge qu'il possède auprès de Louis XV lui donne les droits de la plus haute noblesse[2] ?

Sa haine et ses calomnies contre la Religion.

La longue existence de Voltaire n'a été qu'un enchaînement d'attaques contre la religion ; il s'y prenait de toutes les manières, avait recours à tous les moyens, saisissait avec avidité toutes les occasions pour déverser sa haine et ses sar-

1. Lettres à d'Alembert, 27 avril et 16 juillet 1770. — 2. Lettre à Frédéric, 31 août 1749.

casmes sur tout ce qu'il y avait de plus sacré. En 1742, il fait jouer sa tragédie de *Mahomet*; cette pièce est suspendue, parce qu'elle outrageait la religion, et l'auteur a l'audace de l'envoyer à Rome avec deux vers latins pour le portrait de Benoit XIV! Notez qu'il avait écrit au comte d'Argental : « Ma destinée est de bafouer Rome et de la faire servir à mes petites volontés. » En 1751, avec la protection du ministre comte d'Argenson, et en retranchant quelques vers pour la forme, il parvient à faire jouer de nouveau *Mahomet*, et il avoue qu'il préfère cette pièce à ses autres tragédies, parce qu'il avait eu dessein d'y rendre le christianisme odieux.

Le 26 février 1758, il écrivait à d'Alembert : « Dans vingt ans Dieu aura beau ſeu » ; et vingt ans après, jour pour jour, le malheureux réclame les secours de la religion, et au bout de trois mois il meurt, privé de ces mêmes secours, dont il avait tant abusé. Sa haine pour la religion lui faisait souhaiter que ses ministres se rendissent coupables des plus grands crimes [1], afin de les voir préparer eux-mêmes leur perte. Dans le dessein de nuire à la Révélation, il attaque certains récits de la Bible ; mais, pour se donner raison et pour trouver un moyen de tourner en ridicule le texte sacré, il a soin de le falsifier ou de l'interpréter d'une manière absurde. L'abbé Guénée a su le convaincre d'ignorance et de mauvaise foi dans la plupart de ses interprétations.

Pour donner un démenti à la prophétie de Daniel, qui avait prédit que le Temple de Jérusalem ne serait jamais reconstruit, Voltaire et d'Alembert s'adressèrent avec instance au roi de Prusse et à l'impératrice de Russie, les suppliant d'engager les princes mahométans à rebâtir ce

1. Lettres à Damilaville, 26 mai et 3 juin 1766.

temple. Mais leurs sollicitations furent inutiles. Ces souverains craignirent sans doute de n'être pas plus heureux que l'empereur Julien l'Apostat, qui, au rapport des historiens et notamment d'Ammien-Marcelin, auteur païen, fut obligé de renoncer à son entreprise, parce que des globes de feu sortaient des fondements et détruisaient les travaux et les ouvriers.

« Dès que j'ai un moment de relâche à mes maux », disait-il, « je songe à porter le dernier coup à l'infâme [1]. » Presque toutes ses lettres à ses intimes se terminaient par ces mots : *Ecrasons l'infâme*, et on prétend qu'il a répété ces odieuses paroles jusqu'à cent cinquante fois ; c'était chez lui une rage infernale ; il comparait cette parole à celle que Caton répétait si souvent à Rome : *Delenda est Carthago* [2]. Par le mot *infâme*, Voltaire entendait sans contredit la religion ; il n'y a qu'à jeter un coup d'œil sur bon nombre de lettres à ses affidés pour être convaincu de cette triste vérité. Ainsi nos modernes libres-penseurs désignent le christianisme par le mot *Cléricalisme*.

Non seulement il travaillait avec une fureur persévérante à détruire la religion, mais il invitait tous les incrédules à diriger leurs efforts vers cette œuvre criminelle : « Je m'intéresse bien à une bonne pièce de théâtre », écrivait-il à Damilaville, le 23 mai 1764 ; « mais j'aimerais mieux encore un bon livre de philosophie qui écrasât pour jamais l'infâme ; je mets toutes mes espérances dans l'*Encyclopédie*. » En effet, l'*Encycopédie*, d'après Barruel, est un ramassis de toutes les erreurs ; l'impiété s'y montre dans tous les articles, même à propos de certaines sciences, où l'impiété semblait devoir rester étrangère. Il

1. Lettre à Damilaville, 1er juin 1764. — 2. Lettre au duc de Richelieu, 13 février 1755.

avait une si grande horreur de la religion, qu'il fut indigné de trouver dans l'*Encyclopédie* cette appréciation sur Bayle : *Heureux, s'il avait plus respecté la religion et les mœurs !* Cette réflexion le contristait, et il s'en plaignit à Diderot, qui le rassura en lui répondant que ces sortes de phrases ne servaient que de passeport aux vérités qu'on voulait établir ailleurs. Toujours de la fourberie dans ces honnêtes écrivains ! L'article *Enfer* l'avait aussi effarouché (on le croit facilement) ; mais d'Alembert le tranquillisa en lui disant qu'il y avait d'autres articles moins au jour où tout était réparé.

Il tenait beaucoup à faire jouer les *Guèbres*, parce que, disait-il, cette tragédie devait contribuer à la ruine du fanatisme ; aussi s'adressa-t-il à de puissants personnages pour arriver à son but, et le 19 juin 1769, il écrivait au comte d'Argental : « Trémoussez-vous pour écraser le monstre du fanatisme : comptez que vous lui porterez un rude coup en donnant aux *Guèbres* quelque accès dans le monde. » Il craignait que les guerres que soutenait Frédéric ne lui laissassent pas le temps de travailler à la destruction de l'infâme [1]. Ce n'est pas la pensée de l'effusion du sang qui le met en souci. A la comtesse d'Argental il ose dire : « Mon aversion pour cette infâme ne fait que croître et embellir ; plus je vieillis, plus je suis hardi [2] ; » et dans sa vieillesse il compose une foule de petits écrits contre la religion ; il dépense tous ses revenus, en dépit de son avarice, pour les faire imprimer en Prusse ; on les expédie par ballot et on les distribue partout gratuitement ou à vil prix. Aussi écrivait-il à d'Alembert d'un air triomphant : « Damilaville doit être content, et vous aussi, du mépris où l'infâme est tombée chez tous les honnêtes gens de l'Europe ;

1. Lettre à Frédéric, août 1759. — 2. Lettre à la comtesse d'Argental, 13 octobre 1760.

c'est tout ce qu'on voulait et tout ce qui était nécessaire. » Et ce sinistre vieillard avait dit cependant que la religion était un frein nécessaire pour la basse classe de la société. Il ne voyait pas que ce frein était bien plus nécessaire pour lui que pour le peuple. A un lieutenant de police qui lui disait qu'il ne viendrait pas à bout d'anéantir la religion, il eut l'audace de répondre : *Nous verrons!* Malgré dix-huit siècles d'expérience, et malgré l'inutilité de ses efforts, Voltaire n'avait pas encore compris que le christianisme survivrait à toutes ses attaques, comme il avait survécu aux attaques de tous ses ennemis, et comme il survivra jusqu'à la fin des temps à tous ceux qui seront assez téméraires pour travailler à sa destruction.

L'audacieux écrivain ne se contentait pas de combattre la religion par des libelles et des pièces de théâtre, il cherchait encore à la rendre odieuse en la représentant comme la cause des guerres les plus sanglantes, des erreurs les plus absurdes, des plus horribles cruautés. C'est là surtout qu'il mettait en pratique sa fameuse maxime sur le mensonge ; il prévoyait bien du reste les terribles conséquences de ses livres impies, lorsqu'il écrivait à M. de Chauvelin : « Tout ce que je vois jette les semences d'une révolution qui arrivera immanquablement, et dont je n'aurai pas le plaisir d'être témoin ; les jeunes gens sont bien heureux : ils verront de belles choses. » Oui, on les a vues ces belles choses : le sang coulant par torrents dans notre malheureuse patrie ; la société bouleversée de fond en comble, et sur le point de s'écrouler ou de tomber dans la barbarie ! Condorcet a dit avec raison : « Voltaire n'a pas vu tout ce qu'il a fait ; mais il a fait tout ce que nous voyons. » Le premier auteur de cette épouvantable révolution, c'est sans contredit le patriarche des incrédules.

Son hypocrisie.

Le même Condorcet ose prétendre qu'il a existé peu d'hommes qui aient souillé leur vie par moins d'hypocrisie que Voltaire ; il faut être singulièrement aveugle et d'une partialité révoltante pour tenir un pareil langage. Comment alors expliquer la conduite du grand philosophe ? comment concilier ses attaques incessantes contre la religion, ses impiétés et ses blasphèmes avec les communions qu'il faisait de temps en temps, soit à Pâques, soit dans ses maladies ? Ainsi en janvier 1724, étant tombé malade, il demanda lui-même et reçut le saint viatique. Après sa fuite de Berlin, il arrive à Colmar, et, sa nièce lui ayant écrit qu'on épiait toutes ses démarches, il prend la résolution de faire publiquement ses pâques ; il communique son projet à son secrétaire Collini, et celui-ci convient de communier avec lui ; mais il ne put s'empêcher d'avouer que son maître pendant la cérémonie avait fixé le prêtre d'une manière significative. Est-ce qu'il y avait dans son regard de l'insolence et du mépris ? En 1761, il communie encore, parce que, écrit-il au comte d'Argental [1], il n'avait pas cent mille hommes à sa disposition ; j'avoue que je ne comprends pas trop ce raisonnement.

Sous prétexte de défendre Marmontel, Voltaire attaqua le mandement de l'archevêque de Paris ; Louis XV fut prié de réprimer les attentats du philosophe. Celui-ci, pour prévenir le coup qui le menaçait, crut ne pouvoir mieux réussir qu'en faisant publiquement ses pâques et en rendant le pain bénit en avril 1768 ; il avait alors soixante-quatorze ans. Les autres philosophes étaient fort mécontents des communions

1. Lettre au comte d'Argental, 16 février 1761.

qu'il faisait de temps en temps ; d'Alembert et d'Argental, entre autres, lui en adressèrent des reproches ; à celui-ci il répondit, le 22 avril 1768 : « Je me trouve seul de ma bande contre deux cent cinquante consciences timorées, et quand il n'en coûte qu'une cérémonie prescrite par les lois pour les édifier, il ne faut pas s'en faire deux cent cinquante ennemis. » Il ajoutait : « Je me trouve entre deux évêques qui sont du quatorzième siècle, il faut hurler avec ces sacrés loups ; si j'étais à Abbeville, je communierais tous les quinze jours ! » Comment qualifier cette conduite?

L'évêque d'Annecy lui ayant représenté, en 1768, qu'une communion, selon les vrais principes de la religion, devrait être accompagnée d'une rétractation éclatante, il voulut, en 1769, communier d'une manière plus solennelle ; il écrivit au curé de Ferney de venir lui apporter la communion, et il accompagna cette cérémonie d'une rétractation en présence d'un notaire et de deux témoins. Il écrivit à Saint-Lambert, 4 avril 1769 : « J'ai reçu bravement le viatique en dépit de l'envie ; j'ai déclaré expressément que je devais à la vérité, à mon honneur et à ma piété de certifier que je n'avais jamais cessé de respecter et de pratiquer la religion catholique ; que, si jamais il m'était échappé quelque indiscrétion préjudiciable à la religion, j'en demandais pardon à Dieu et à l'État ; que j'avais vécu et que je mourrai dans la religion du roi très chrétien et de la France, ma patrie. » Et un mois après, écrivant au comte d'Argental, il insulte l'évêque d'Annecy. Mais ses émules en impiété devinrent furieux en apprenant cette nouvelle communion, et Voltaire, voyant que ce jeu ne lui réussissait pas, écrivit à Mme Necker, 23 avril 1773 : « Je n'ai point reçu cette fois-ci les sacrements ; on s'est trop moqué à Paris de cette petite facétie. »

En 1725 il avait écrit à Mme la Présidente de Bernières qu'il servait Dieu et le diable tout à la fois assez passablement. Nous verrons plus bas ce qu'il fit dans sa dernière maladie.

En 1770, il poussa l'hypocrisie jusqu'à se faire recevoir capucin ; par le crédit de la duchesse de Choiseul, il avait obtenu un diplôme du général de l'Ordre à Rome, et, en écrivant à cette duchesse, il termine sa lettre par cette formule : « Agréez, Madame, mes ferventes prières et ma bénédiction ; signé : Frère François, capucin indigne. » Il annonce cette grande nouvelle au comte d'Argental [1], à d'Alembert [2], à La Harpe [3], à Tabareau [4] ; sa lettre au comte d'Argental se termine ainsi : « Vous voyez que Dieu n'abandonne pas ses dévots. » Il avait fait encadrer son diplôme, et l'avait placé dans l'un des plus beaux appartements de son château.

Et maintenant comment qualifier le langage et la conduite de Voltaire, dans les différentes circonstances que nous venons de citer ? Ou bien il croyait au divin mystère de l'Eucharistie, et alors il se rendait coupable d'une horrible profanation en recevant cet adorable sacrement et en accompagnant cet acte d'indignes plaisanteries ; ou bien il n'y croyait pas, et dans ce cas il commettait une lâche hypocrisie en allant communier, et il se conduisait en véritable tartufe ; je laisse au lecteur de faire son choix.

Son amour prétendu pour le peuple et son humanité.

On n'a pas craint de dire que Voltaire était un véritable ami du peuple, un bienfaiteur de l'humanité : nous allons voir si ces deux qualités lui

1. Lettre à d'Argental, 19 fév. 1770. — 2. Lettre à d'Alembert, 28 fév. — 3. Lett. à La Harpe, 2 mars. — 4. Lett. à Tabareau, 3 mars.

conviennent. Bons ouvriers, écoutez bien ce qu'il disait de vous, cet homme pour lequel on réclame votre estime, votre admiration, votre enthousiasme, et vos souscriptions. Considérez attentivement de quelle manière il vous traitait, et vous saurez ce que vous devez en penser. C'est lui-même qui va parler ; il écrivait à Damilaville : « Il est à propos que le peuple soit guidé et non pas qu'il soit instruit ; il n'est pas digne de l'être [1] » : à M. Bertrand il avait dit aussi : « Le public ne mérite pas d'être instruit [2]. » Qu'en dites-vous, libres-penseurs, chauds partisans de l'instruction obligatoire ? Ecrivant de nouveau à Damilaville il explique sa pensée : « J'entends par le peuple la populace, qui n'a guère que ses bras pour vivre... Il me paraît essentiel qu'il y ait des gueux ignorants : ce n'est pas le manœuvre qu'il faut instruire ; c'est le bon bourgeois ; quand la populace se mêle de raisonner, tout est perdu. » Or, ce qu'il entendait par populace forme au moins les deux tiers du genre humain ; dès lors comment comprendre que ceux qui veulent le vote universel et l'instruction pour tous soient les admirateurs et les amis de Voltaire ? Explique qui pourra ce mystère.

Il est de la dernière évidence que le philosophe ne voulait pas l'émancipation du peuple, qu'il n'était pas partisan de l'égalité sociale, de toutes les libertés qu'on réclame aujourd'hui avec tant d'ardeur en apparence, et qu'on repousse au fond ; il demandait que le peuple fût muselé et laissé dans l'ignorance. Voici ce qu'il écrivait au comte d'Argental [3] : « C'est, à mon gré, le plus grand service qu'on puisse rendre au genre humain de séparer le *sot peuple* des honnêtes gens pour jamais. » (Il paraît que le simple peuple, selon lui,

1. Lettre à Damilaville, 19 mars 1766. — 2. Lettre à M. Bertrand, 22 mars 1759. — 3. Lettre au comte d'Argental, 27 avril 1765.

ne pouvait compter parmi les honnêtes gens.) On ne saurait souffrir l'insolence de ceux qui vous disent : « Je veux que vous pensiez comme votre tailleur et votre blanchisseuse. » Pourquoi pas, si ceux-ci pensent bien ? A d'Alembert il disait : « On n'a jamais prétendu éclairer les cordonniers, les laquais et les servantes, c'est le propre des apôtres. » Sans le vouloir, M. de Voltaire, vous faites l'éloge des apôtres. Il pense de même des laboureurs et des manœuvres ; il ne se soucie pas qu'ils soient éclairés.

Il écrit au procureur La Chalotais [1] : « Je vous remercie de proscrire l'étude chez les laboureurs » ; il le prie de lui envoyer les Frères ignorantins pour conduire ses charrues ou pour les atteler ; quelle humanité ! Du reste, le vrai moyen de maintenir le peuple dans l'ignorance, c'était de lui enlever ses instituteurs. Il ne reculait pas devant le mot *canaille*, appliqué au peuple. Ecrivant à d'Alembert le 4 février 1757, il dit : « La raison triomphera, comme vous le dites, au moins chez les honnêtes gens ; la canaille n'est pas faite pour elle. » Il allait plus loin encore ; voici ce qu'il n'a pas honte d'écrire à Tabareau [2] : « A l'égard du peuple, il sera toujours sot et barbare ; ce sont des bœufs auxquels il faut un joug, un aiguillon et du foin ! » Bon peuple, chante maintenant les louanges de celui qu'on ose appeler ton meilleur ami et qui t'assimile à la bête de somme ! ou plutôt fais entendre des cris d'une noble indignation, lorsqu'on te propose de célébrer une grande fête en l'honneur d'un tel homme. A son château de Ferney, ce prétendu philosophe libéral parlait avec fierté de ses *vassaux* et de ses *serfs*. Ses coopérateurs en impiété, il les appelait sa livrée, titre vraiment honorable pour eux [3].

1. 20 avril 1763. — 2. 3 fév. 1765. — 3. Lettres à d'Alembert, avril 1760 : — à la marquise du Deffant, octobre 1761.

A son mépris pour le peuple il joignait la haine de l'humanité : il était partisan de l'esclavage et de la traite des noirs, il prenait part à ce commerce barbare, et se félicitait d'y faire de gros bénéfices. La République de Genève l'ayant repoussé de son sein, il écrivit au marquis d'Argental : « Qu'il regrettait de n'être pas assez puissant pour faire pleuvoir le feu du ciel sur cette ville [1]. » De nos jours, Genève ne doit pas manquer de voltairiens, sans doute en reconnaissance d'un vœu si charitable. Il écrivait au roi de Prusse : « Je ne serais pas fâché de voir des hercules et des bellérophons délivrer la terre des brigands et des chimères catholiques [2]. « En apprenant qu'on enlevait à Fréron ses écrits, il dit que cela ne suffisait pas, mais qu'on devrait le traiter comme une empoisonneuse qu'on avait brûlée vive [3]. » A l'occasion de l'expulsion des Jésuites, dont il était tout joyeux, il désirait qu'on exterminât tous les moines [4]. « Je vous recommande beaucoup de mépris pour le genre humain », écrivait-il à d'Alembert [5].

Ce tendre ami de l'humanité inventa une machine de guerre, qu'on a appelée plus tard mitrailleuse, après quelques perfectionnements ; avec cette machine, dont il était fier, il disait qu'un simple détachement de six cents hommes pouvait anéantir un corps d'armée de dix mille hommes, et, en bon patriote, il invitait le général Richelieu à en faire l'essai sur des Français. Le général refusa de s'en servir et la renvoya à son inventeur. Il était au bonheur d'apprendre que la *Sémiramis du Nord*, l'impératrice Catherine, fit marcher cinquante mille hommes en Pologne pour y établir la tolérance et la liberté

1. 20 janvier 1761. — 2. 3 mars 1767. — 3. A Marin, censeur royal, 22 avril 1767. — 4. Au marquis de Villevieille, 27 avril 1767. — 5. 5 avril 1771.

de conscience [1]. Quelle cruelle dérision ! Il savait d'ailleurs que les Russes traitaient les Polonais avec la dernière barbarie, qu'ils leur infligeaient d'horribles tortures. L'impératrice permettait ou commandait ces atrocités ; Voltaire connaissait tout cela et ne trouva pas un mot pour flétrir les bourreaux et venger les victimes. Bien mieux, le vil adulateur osait écrire à cette femme : « Vous êtes une sainte, et je vous dresse un autel dans mon cœur ; vous me rendez païen ; je suis avec idolâtrie, Madame, le prêtre de votre temple ; j'ai l'honneur d'être un vieux suisse, que vous avez naturalisé votre sujet. » Se peut-il que des républicains aient la moindre estime pour un valet qui se traîne aux pieds d'une souveraine, célèbre par son immoralité et son despotisme ? Avec la même ardeur il avait excité le roi de Prusse à châtier la pauvre Pologne ; et voilà celui qu'un de ses historiens n'a pas craint de considérer comme un modèle d'humanité !

Ses relations avec Frédéric de Prusse.

Le prince Frédéric de Prusse aimait la littérature, s'occupait de poésie, et admirait l'esprit français ; comme Voltaire jouissait alors d'une grande réputation, ce prince désira entretenir une correspondance avec l'écrivain en renom, qui pourrait ainsi corriger ses vers. L'orgueilleux philosophe accepta volontiers cette offre ; bon nombre de lettres furent échangées entre ces deux personnages, et toutes étaient semées des compliments les plus flatteurs et des plus pompeux éloges : « Il me traitait d'homme divin », disait Voltaire, « je le traitais de Salomon ; les épithètes ne nous coûtaient rien. » En véritable courtisan, il le comparait aux plus grands princes,

1. A la marquise du Deffant, 18 mai 1767.

aux plus illustres empereurs, aux plus habiles écrivains ; il le plaçait bien au-dessus des Français, il poussait l'adulation jusqu'à l'appeler le *Messie du Nord*, et il se disait plus réellement le sujet de Frédéric, que du roi sous lequel il était né. « Sire », écrivait-il, « je vous ai érigé un autel dans mon cœur (il paraît qu'il y avait deux autels dans ce cœur, car il avait tenu le même langage à l'impératrice de Russie) : je me nourris de l'encens que les connaisseurs vous donnent, je n'ai plus d'amour-propre que par rapport à vous. »

Le prince voulait attirer Voltaire à Berlin ; mais, comme la marquise du Châtelet le retenait, ce ne fut qu'après la mort de cette *vertueuse* dame qu'il prit le parti de se diriger vers la Prusse. L'orgueil et la cupidité furent les deux principaux motifs qui l'excitèrent à faire ce voyage ; mais, comme nous l'avons dit, il avait posé ses conditions, et ces conditions étaient fort avantageuses. Malheureusement l'accord entre les deux philosophes ne fut pas de longue durée. Une vive discussion avec un juif pour une affaire d'intérêt amena la zizanie. Le maître trouva cette discussion peu honorable pour Voltaire et le menaça de le renvoyer. Mais le valet, qui tenait aux honneurs et à sa grosse pension, redoubla d'adulation pour faire oublier cette triste affaire. « Sire », lui disait-il, « vous êtes adorable, le plus grand homme qui peut-être ait jamais régné. » L'accord se fit, en apparence du moins ; car Lamétrie ayant dit un jour à Frédéric que les faveurs qu'il accordait à Voltaire excitaient la jalousie : « J'aurai besoin de lui encore un an », reprit le roi ; « on presse l'orange et on jette l'écorce. » Cette parole de Frédéric est attestée par Voltaire lui-même dans une lettre à Mme Denis, sa nièce [1]. Malgré cet

1. 2 septembre 1751.

affront, il supplia le roi de garder encore cette vieille écorce ridée, bien qu'il en eût tiré tout le jus, et qu'il fût maintenant aussi fort en style et en poésie que son grammairien tout dévoué.

Mais bien d'autres affronts lui étaient réservés à la Cour de Berlin, et, malgré son orgueil, il les dévorait, parce que la cupidité l'emportait sur l'amour-propre.

Un protestant, nommé La Beaumelle, ayant critiqué son ouvrage, *Le Siècle de Louis XIV*, et ayant démontré que la vérité et la justice y étaient maltraitées, l'auteur devint furieux, le traita de polisson, de scélérat, de chien enragé, dont les écrits n'étaient qu'un tissu d'outrages au roi, à la famille royale, à tout le siècle de Louis XIV et à celui de Louis XV, et il parvint à le faire enfermer à la Bastille. Frédéric et Maupertuis soutenaient La Beaumelle et s'amusaient aux dépens de son adversaire. Celui-ci voulut se venger de Maupertuis et composa contre lui un violent pamphlet; par ruse et en trompant le roi, il avait obtenu de faire imprimer cet écrit. Frédéric, ayant découvert la fourberie, en fut profondément indigné, et, pour le punir, il fit brûler le pamphlet par la main du bourreau sur la place publique et sous les yeux de l'auteur. Selon son habitude, il avait déclaré hardiment qu'il n'était pas l'auteur du libelle, malgré l'attestation de l'éditeur; mais, voyant qu'il n'y avait plus moyen de soutenir le mensonge, il voulut rentrer en grâce : il implora le pardon, et avoua qu'il était indigne des marques de distinction qu'il avait reçues de Sa Majesté. Le Roi lui écrivit une lettre pleine d'un souverain mépris, et lui déclara « que, si ses œuvres méritaient qu'on lui élevât des statues, sa conduite lui méritait des chaînes. »

Voltaire convaincu qu'il lui était impossible

de demeurer plus longtemps à Berlin, prit le parti de s'enfuir, et, pour cacher sa fuite, il demanda la permission d'aller prendre les eaux. Le Roi lui déclare qu'il peut partir quand il voudra, à la condition qu'il remettra la *clé de chambellan*, la *croix du mérite*, et *le volume de poésies qu'il lui a confié* ; il ajoute que les « cabales des gens de lettres lui paraissent l'opprobre de la littérature, et que les chefs de ces cabales sont avilis à ses yeux. » Que d'amertumes pour ce cœur si profondément orgueilleux et vindicatif ! Or, à ce mépris le chef des incrédules répond par les aveux les plus humiliants ; il implore l'indulgence de son ancien élève ; il se met à ses pieds ; il se dit le plus malheureux des hommes, un être indigne de tant de faveurs qu'il a reçues ; il le supplie de décider de son sort, de disposer de sa vie ! Est-il possible d'être si lâche et si rampant ? Frédéric demeure insensible à tant de bassesses et se fait un cruel plaisir de le retenir encore à Berlin pour avoir l'occasion de l'humilier davantage.

L'infortuné prend alors le parti d'écrire lettre sur lettre à l'envoyé de France à Berlin, le suppliant d'être son protecteur, de calmer le roi, d'obtenir de lui quelques paroles de consolation et la liberté de sortir de ses Etats. Après bien des supplications, Frédéric lui accorde la permission qu'il sollicite ; et voici de quelle manière il annonce le départ de son bien-aimé maître : « Voltaire s'est conduit ici en faquin et en fourbe consommé ; je lui ai dit son fait, comme il le méritait ; c'est un misérable, et j'ai honte pour l'esprit humain qu'un homme, qui en a tant, soit si plein de malfaisance. Voltaire est le plus méchant fou que j'ai connu de ma vie ; vous ne sauriez imaginer toutes les duplicités, les fourberies et les infamies qu'il a faites ici [1]. » Le jour de la solennité qu'on veut célébrer, ne pourrait-on pas charger un adorateur de Voltaire, armé d'une voix formidable, de prononcer cette éloquente oraison funèbre devant la multitude?

Mais les infortunes du pauvre vieillard ne finirent pas avec son départ de Berlin. Arrivé à Francfort, il est arrêté par ordre du roi, parce qu'il n'avait pas restitué le volume de ses poésies. Voltaire tenait à conserver ce volume, qui était plein de satires contre les plus puissants personnages de la Cour de France, et dans lequel les fautes contre la langue n'étaient pas rares. Son but était de le répandre en France pour se venger de l'auteur, et peut-être aussi pour mériter la protection de ces mêmes personnages. Mais, à Francfort, on le somme de rendre le volume; or, il était renfermé dans des bagages qui étaient partis avant lui; on exige que le malheureux fuyard redemande le volume, et on lui déclare qu'il n'aura sa liberté qu'après l'avoir restitué. Le livre arrive enfin. Voltaire s'empresse de le rendre et de fuir de nouveau. Mais, à peine sorti de la ville, il est encore arrêté par des soldats, qui lui administrent une bastonnade, toujours évidemment par ordre du roi, et, pour comble d'ignominie, on exige de sa part une quittance des coups qu'il a reçus. C'était, je crois, la quatrième bastonnade reçue dans le cours de sa vie. Après cette rude et humiliante opération, on le conduit avec sa nièce chez un marchand de vin, où ils sont abreuvés d'outrages; ils prennent alors le parti d'écrire tous deux au roi pour lui raconter les insultes dont ils sont l'objet, implorant de nouveau sa miséricorde et lui jurant une amitié inaltérable. Quel

1. Lettre à Dargot, 23 avril 1753.

cœur reconnaissant ! Ils s'adressent aussi à l'envoyé de France, le suppliant de se jeter aux pieds de Frédéric pour solliciter le pardon et réclamer sa clémence ! Le roi ne daigne pas même répondre. Peut-on se faire une idée du degré de rage dont le cœur de cet homme devait être torturé ?

Et dire qu'après toutes ces humiliations et ces tortures l'orgueilleux philosophe entretint encore plus tard des relations avec son persécuteur, qu'il lui adressa de nouveaux éloges, qu'il chanta ses victoires, qu'il le félicita d'avoir battu les Français ! En 1759, il poussa la servilité jusqu'à se comparer à un rat qui baise très humblement les belles griffes du Lion ; il fit plus encore, il essaya de rentrer en grâce avec son ancien élève, il eut recours à un grand seigneur de la Cour, à la sœur même du roi pour réussir dans ses démarches. Mais ses supplications n'aboutirent pas, et Frédéric porta la malice jusqu'à écrire à son secrétaire : « Croiriez-vous bien que Voltaire, après tous les tours qu'il m'a joués, a fait des démarches pour revenir ? Mais le ciel m'en préserve ; il n'est bon qu'à lire, et dangereux à fréquenter. » Il disait aussi à son secrétaire : « Je vois avec bien du regret que tant d'esprit et tant de connaissances ne rendent pas les hommes meilleurs. » Eh ! sans doute, prince philosophe, l'expérience le démontre, la science séparée de la religion est totalement impuissante à moraliser les hommes ! Puisse la société actuelle profiter enfin de cet aveu !

Ses relations avec l'Impératrice de Russie.

D'après les conseils, et aux applaudissements de Voltaire, l'impératrice de Russie et le roi de Prusse avaient envahi et s'étaient partagé la Pologne. Le patriarche de Ferney ne manqua pas de les féliciter hautement et de leur prodiguer les plus basses adulations. A l'égard de Catherine, il en vint jusqu'à l'idolâtrie; cette femme qui avait fait étrangler son mari et qui vivait en véritable Messaline, est à ses yeux une sainte, une grande sainte; il paraît que, selon lui, l'assassinat, la débauche, l'adultère étaient des titres à la canonisation. Ayant reçu son portrait, orné de vingt gros diamants, et accompagné de riches fourrures, il lui écrit une lettre terminée par ces salutations extravagantes : « Je suis avec idolâtrie, Madame, mieux qu'avec le plus profond respect, le Prêtre de votre temple. » Le Pontife était digne de l'idole.

Recevant une lettre qui lui annonçait une victoire, il est fou de joie; il saute en bas de son lit; et entonne un *Te Deum*, en insérant dans ce cantique sacré le nom de l'impudique Catherine. « Je n'ai plus qu'un souffle de vie, écrit-il à sa Catherine, je l'emploierai à vous invoquer, en mourant, comme la plus grande sainte que le Nord ait jamais portée. » Dans le récit de ses derniers moments, il n'est pas dit qu'il ait tenu sa parole, et qu'il ait eu la dévotion d'invoquer cette grande sainte; dans ce moment suprême, il avait des préoccupations plus sérieuses. Voici encore quelques pensées extravagantes que lui suggérait son culte insensé pour l'impératrice de Russie : « Est-ce que je suis Français, moi? » s'écriait-il, « est-ce que je ne suis pas sujet de Celle qui m'a envoyé une boîte d'or, tournée de ses belles et augustes mains! Je suis catherin, je mourrai catherin, » ajoutait-il. « O vous qui remplissez la terre du bruit de votre nom et de vos bienfaits, tous les gens de lettres de l'Europe devraient être à vos pieds; vos soins généreux pour établir la liberté de conscience en Pologne sont un bienfait que le genre humain doit célébrer. »

Ignoble cœur qui ose se réjouir du désastre de l'héroïque Pologne, précisément parce que ce peuple était catholique et ami de la France ; il tourne en ridicule les Polonais, parce qu'en combattant pour leur nationalité, ils avaient arboré sur leur étendard l'image de la très sainte Vierge, et il ose dire que les Français qui sont allés à leur secours ont fait métier de brigands.

Ses bassesses envers les grands et les courtisanes.

En 1745, Voltaire fit représenter à Versailles *Le Temple de la gloire*, où Trajan est couronné ; après la représentation, il s'approche de Louis XV et lui dit : « Trajan est-il content ? » Cette familiarité déplut au roi qui fixa l'auteur sans lui répondre. En Lorraine, il alla faire sa cour au roi Stanislas ; en partant de Prusse, il s'arrête à Manheim pour présenter ses hommages à l'électeur Palatin. Dans ses correspondances avec les grands, il est tantôt fier, tantôt rampant ; flatteur sans sincérité et sans délicatesse, il descend jusqu'au dernier degré de servilité, ou bien à des bouffonneries grossières et indécentes ; nous l'avons vu dans ses rapports avec le roi de Prusse et l'impératrice de Russie. Il a agi de même à l'égard des deux célèbres courtisanes de l'époque : « Je veux, » s'écrie-t-il plein d'enthousiasme, « je veux chanter la Pompadour fièrement, hardiment, parce que je lui ai d'obligation, » et il compose plusieurs pièces de vers en son honneur. Dans *L'Orphelinat de la Chine*, craignant d'avoir fait des allusions à cette courtisane, il se hâte de retrancher ces allusions. C'est par sa protection qu'il avait obtenu la place de gentilhomme de la Chambre, avec soixante mille francs d'appointements, place qu'il revend à un autre pour trente mille francs, en se réservant le titre, les prérogatives et les honneurs ; mais, ayant fait imprimer clandestinement et répandre par des colporteurs des contes obscènes, des romans impies et licencieux, dont il avait soin, selon son habitude, de désavouer la paternité, il finit par lasser Louis XV et Pompadour, et par tomber dans la disgrâce. Pour réparer sa faute, il écrivit à la favorite quantité de lettres, remplies des plus basses flatteries, mais sans recevoir de réponse ; il fut forcé de dévorer l'affront.

Il en reçut un autre à Lunéville, de la part du roi Stanislas, qui lui dit, en présence de toute la cour : « Je vous déclare, Monsieur, que j'ai en profonde horreur les écrivains impies, et que dix-huit siècles me semblent une confirmation suffisante de la vérité catholique, » et il lui tourna le dos sans attendre la réponse. Cette semonce fit une telle impression sur la *vertueuse* marquise du Châtelet, qu'elle mourut de dépit le surlendemain.

Servile envers la Pompadour, il ne le fut pas moins envers la Du Barry ; voici ce qu'il écrivait à cette courtisane : « M. de Laborde m'a dit que vous lui aviez ordonné de m'embrasser des deux côtés, de votre part ; il m'a montré votre portrait ; ne vous fâchez pas, Madame, si j'ai pris la liberté de lui rendre les deux baisers ! » et c'est en 1777 qu'il tenait ce langage, c'est-à-dire à l'âge de quatre-vingt-trois ans. Nous pourrions citer bien d'autres faits en preuve de son esprit de servilité ; ceux que nous venons de raconter doivent suffire pour faire connaître la noblesse de son caractère.

Son prétendu patriotisme.

Nous avons déjà donné des preuves authentiques de ses sentiments anti-français ; ajoutons quelques circonstances qui les feront ressortir davantage. Le 7 août 1766, il écrivait à d'Alembert : « Je mourrai bientôt, et ce sera en détestant le pays des singes et des tigres, où la folie de ma mère me fit naître, il y a bientôt soixante-treize ans. » La police avait empêché d'introduire en France un écrit de l'impératrice Catherine, injurieux envers notre pays ; Voltaire en devint furieux, et profita de cette occasion pour flatter de nouveau son idole en exaltant son talent et en déversant sa haine sur les Français ; apprenant que quelques officiers français s'étaient enrôlés sous l'étendard de la Pologne, pour combattre les Russes, il place ses compatriotes au-dessous des Tartares et les compare à des barbares, ayant soin d'ajouter qu'il n'est pas Welche, lui, mais Suisse, et que, s'il était plus jeune, il se ferait Russe. Dans une autre lettre, il écrit ces paroles, si honorables pour nous : « Le Français est aussi courageux au pillage que lâche au combat. » Voilà le langage et les sentiments d'un vieillard de soixante-dix-huit ans. Le chevalier de Boufflers avait été envoyé par la France au secours des Polonais; Voltaire supplie l'impératrice de le faire prisonnier de guerre; il lui déclare qu'il a le cœur navré, en voyant que des Français sont assez fous et assez impertinents pour porter les armes contre la Russie.

Après la bataille de Rosbach, perdue par les Français, ce bon patriote écrit à son ami Frédéric, cet ami qui l'avait traité avec tant de mépris, pour le féliciter de sa victoire, et pour se livrer aux plaisanteries les plus grossières sur le compte de nos compatriotes : « Maintenant, » lui écrit-il, « Votre Majesté peut dire que les Français sont tous Prussiens ! » Si cet homme avait vécu en 1871, il eût contemplé avec bonheur les Prussiens ravageant la France et entourant la ville de Paris ; il n'eût pas manqué d'adresser les éloges les plus pompeux à Guillaume et à son puissant ministre; il eût poursuivi de ses railleries et de ses sarcasmes nos régiments et nos drapeaux traînés ignominieusement en Allemagne. Et des Français élèvent des statues à cet homme, et l'on veut célébrer son centenaire avec enthousiasme, et le conseil municipal de Paris vote des fonds et prostitue l'argent des contribuables pour donner plus d'éclat à cette fête! Mais c'est aux Russes et aux Prussiens à célébrer cette solennité, et non à des Français. Il est vrai que, si le roi de Prusse est animé des mêmes sentiments que le grand Frédéric, il doit avoir peu d'estime pour Voltaire.

Défaut de probité.

Nous avons reconnu dans l'illustre philosophe un assemblage de vices, dont quelques-uns suffiraient pour flétrir un homme ; faut-il encore l'accuser d'improbité ? Hélas, oui, n'avons-nous pas vu déjà ses indélicatesses à l'égard de plusieurs de ses libraires et de ses imprimeurs ? Or, voici une circonstance où le chef des incrédules s'est rendu coupable d'hypocrisie, de fourberie et de vol : simulant une conversion, il supplie un célèbre religieux, dom Calmet, de lui faire dresser par ses moines une liste des principales objections que les incrédules des divers siècles avaient soulevées contre la religion, et d'y mettre en regard la réfutation ; son but, disait-il, était d'effacer les erreurs qui pouvaient encore subsister dans son esprit. Que fait le misérable ? Il publie les objections, en y ajoutant ses réflexions malicieuses, et il garde le silence sur les réponses à ces objections. Ensuite, il avait obtenu la permission de travailler dans la riche bibliothèque de l'abbaye, après avoir suivi le Saint-Sacrement derrière le dais, un cierge à la main ; or, à la tombée de la nuit, il faisait passer par une fenêtre donnant sur la rue les plus belles éditions et les plus précieux manuscrits, lesquels étaient reçus par un complice. N'est-ce pas là un vol, une véritable escroquerie ? Lorsque dom Calmet réclama ces trésors littéraires, fidèle à sa honteuse maxime, le fourbe nia hardiment le vol.

Raisons du succès de ses œuvres. — Jugement qu'il en porte lui-même.

Les œuvres du Patriarche des incrédules ont fait un mal incalculable, et ce mal continue et malheureusement continuera longtemps encore ; c'est un affreux poison qui s'est infiltré dans les veines de la société, favorisé par la faiblesse ou la complicité des gouvernements. Mais comment expliquer le succès de ces œuvres si funestes et si malfaisantes ? L'explication est bien facile ; d'abord ces œuvres, avant même de paraître, étaient annoncées, préconisées, exaltées par ses affidés et ses admirateurs ; on les répandait avec profusion en France et dans l'Europe entière, on les distribuait gratuitement ou à vil prix. Ensuite ces écrits favorisaient l'esprit d'impiété et de libertinage, qui régnait dans les hautes classes de la société au dix-huitième siècle, et trouvaient facilement des cœurs disposés à secouer le joug de la morale et de la religion.

Sur la Pucelle.

Ce qui est vraiment curieux, c'est le jugement qu'il portait lui-même sur quelques-uns de ses ouvrages ; il semblait vraiment en faire peu de cas. Pendant trente ans Voltaire avait ramassé toutes les ordures et obscénités qui traversaient son imagination pour composer un infâme poème sur la Vierge de Domremy, cette héroïne qui conduisit nos soldats à la victoire, et délivra la France de la tyrannie des Anglais. Or, comme cet ouvrage soulevait l'indignation et le dégoût de tous les honnêtes gens, il le désavoua, prétendant qu'on l'avait falsifié, et fit mettre en prison un libraire, nommé Grasset. Voici ce que ce fourbe écrivait au premier syndic de Genève : « Je fus saisi d'horreur à la vue de cette feuille qui insulte avec autant d'insolence que de platitude à tout ce qu'il y a de plus sacré : ni moi, ni personne de ma maison ne transcririons des choses si infâmes, et, si un de mes laquais en copiait une ligne, je le chasserais sur-le-champ. Ni vous, Monsieur, ni le magnifique Conseil, ni aucun membre de cette république ne permettront des œuvres et des calomnies si horribles [1]. » Voilà le jugement qu'il porte sur son poème, et certes il est parfaitement conforme à la vérité ; mais conçoit-on une pareille fourberie ? Il agit de même en France, où le dégoûtant poème soulevait de vives protestations. Il écrivit à la police pour le désavouer ; ce qui ne l'empêcha pas de le publier sous son nom, en y ajoutant d'infâmes gravures ! Voici encore ce qu'il écrivait au comte d'Argental sur le même ouvrage : « Cet ouvrage qui circule en manuscrit ne convient ni à mon état, ni à mon âge [2]. » Dans une autre lettre au même philosophe. il ajoute que la publication de ce manuscrit était un très grand malheur, qu'il était tout honteux qu'à son âge on réveillât ces plaisanteries indécentes, et qu'il regrettait de ne pouvoir s'opposer à un mal sans remède [3]. » Il y a là ou une honteuse hypocrisie, ou une odieuse plaisanterie.

1. Le 2 août 1755. — 2. 24 mai 1755. — 3. 14 novembre 1755.

Sur l'Encyclopédie.

Son opinion sur l'*Encyclopédie* n'est pas plus avantageuse que celle qu'il avait de la *Pucelle* : il appelait cet ouvrage : « un gros fatras où il y avait trop de pauvretés, un monument bâti moitié de marbre et moitié de boue [1]. » Il répète la même flétrissure en écrivant à M. Bertrand [2]. A Damilaville il fait encore le même aveu : « Il y a trop d'articles défectueux dans ce grand ouvrage » dit-il, « et je commence à croire qu'il ne sera jamais réimprimé ; il y a d'excellents articles ; mais en vérité il y a trop de pauvretés [3]. » Du reste, ses amis et collaborateurs n'en avaient pas une opinion plus favorable. D'Alembert le comparait « à un habit d'Arlequin, où il y a quelques morceaux de bonnes étoffes et trop de haillons [4]. » Diderot, le rédacteur en chef, l'appelait « un gouffre où divers écrivains, espèce de chiffonniers, jetèrent pêle-mêle une infinité de choses mal vues, mal digérées, bonnes, mauvaises, détestables, vraies, fausses, incertaines, et toujours incohérentes et disparates. » Et cependant c'est sur ce gros fatras que Voltaire mettait toutes ses espérances pour attaquer et détruire la religion ; c'est dans cet arsenal que les impies, les libres-penseurs vont puiser leurs calomnies et leurs sarcasmes dans le même but. N'est-ce pas pitoyable que cette immense collection ait trouvé tant d'admirateurs, tandis que, d'après l'aveu de ses auteurs, elle renferme tant d'erreurs, tant de contradictions et tant de pauvretés ?

Le *Dictionnaire philosophique*, il le désavoue hautement ; il écrivait à d'Alembert [5] : « Dès qu'il y aura le moindre danger, je vous prie en grâce

1. Au comte d'Argental, 12 mars 1758. — 2. 22 mars 1759. — 3. 16 octobre 1767. — 4. Lettre à Voltaire, 22 février 1770, — 5. 19 septembre 1764.

de m'avertir, afin que je désavoue l'œuvre dans tous les papiers publics avec ma candeur et mon innocence ordinaires. » La candeur et l'innocence de Voltaire ! Au comte d'Argental il fait le même aveu [1], il déclare « qu'on lui a indignement imputé le *Dictionnaire philosophique*, dont il est complètement innocent. » Mentez, mentez ! Quant aux *Lettres philosophiques*, où il attaque encore la religion avec une fureur diabolique et une insigne mauvaise foi, il annonce qu'il ne veut pas les faire paraître immédiatement, mais qu'il les tient prêtes pour les lâcher, lorsque l'occasion sera favorable.

Ses aveux et croyances.

Cet homme, qui comptait tant d'admirateurs, qui jouissait d'une fortune si considérable, qui menait habituellement la vie d'un grand seigneur, était-il heureux ? Oh ! il s'en faut bien, et c'est lui-même qui nous apprend ses infortunes : « J'ai bien fait des fautes dans le cours de ma vie (et il n'avait alors que trente-deux ans) ; les amertumes et les souffrances qui en ont marqué presque tous les jours, ont été souvent mon ouvrage [2]. — J'ai passé toute ma vie à faire des folies ; quand j'ai été malheureux, je n'ai eu que ce que je méritais [3]. — Le songe de ma vie est un cauchemar perpétuel [4]. — Les malheurs qu'on représente au théâtre sont au-dessous de ceux que j'éprouve [5]. — Vous me parlez des deux premiers tomes sur les sottises de ce globe, j'en ferais un gros des miennes [6]. » Qu'est-ce donc qui le rendait si malheureux ? Probablement sa

1. 3 janvier 1766. — 2. A Mademoiselle Bessière, 15 octobre 1726. — 3. A Cideville, 3 septembre 1732. — 4. Au comte d'Argental, 3 octobre 1753. — 5. Au même, 24 novembre 1753. — 6. Au meme, 15 octobre 1754.

haine contre la religion devait exciter en lui des remords qu'il ne pouvait étouffer ; car il est difficile de supposer qu'il n'ait pas senti l'énormité de ses attaques impies et sacrilèges ; ensuite la pensée de l'avenir devait nécessairement lui causer de terribles frayeurs : « Tout ce qui nous environne », écrivait-il à Frédéric, « est l'empire du doute, et le doute est un état désagréable[1]. » Chaque fois qu'il apprenait la mort de quelque personnage important, il s'informait avec anxiété de quelle manière s'étaient passés ses derniers moments. Tout ce que nous voyons périr », écrivait-il au comte d'Argental, « fait faire des réflexions qui ne sont pas plaisantes[2]. » Nos libres-penseurs modernes, sans avoir l'esprit et les talents de Voltaire, tranchent plus lestement ces grandes questions ; ils se mettent, du moins en apparence, au-dessus de ces doutes terribles et de ces frayeurs si légitimes. Le chef des incrédules s'adressait ces questions : Y a-t-il un Dieu, tel qu'on le dit, une âme telle qu'on l'imagine ? Y a-t-il quelque chose à espérer après le moment de la vie ? Tous les êtres sont-ils égaux devant le grand Etre, qui anime la nature ? Maintenant on se contente de nier ; c'est si facile ! Mais des preuves, Messieurs, et des preuves solides et péremptoires ; il en faut dans ces questions de si haute importance. Pascal, qui avait plus de génie que vous tous, déclarait qu'on ne pouvait aller au delà du doute. Pour nous, catholiques, le doute n'existe pas, nous avons à toutes ces questions majeures des réponses sûres et complètement satisfaisantes.

Vous êtes fiers de Voltaire et, vous appuyant sur son témoignage, vous niez la religion, vous niez Dieu lui-même ; or, celui dont vous invoquez

1. 12 octobre 1770. — 2. 18 décembre 1773.

l'autorité n'était pas athée, et il est facile de le démontrer. D'abord ce que nous venons de dire sur ses doutes, ses frayeurs, ses inquiétudes sur l'avenir en est une preuve. Sans doute, il aurait voulu pouvoir affirmer l'athéisme, pour avoir la conscience plus tranquille; il aurait bien voulu pouvoir nier avec conviction l'immortalité de l'âme, la vie future; mais il avait trop d'esprit pour en venir là. Ecoutez le langage qu'il a tenu en diverses circonstances : dans une réunion de savants, où quelques-uns soutenaient l'athéisme : « Pour moi », dit Voltaire, « de même qu'une horloge prouve un horloger, ainsi l'univers prouve Dieu »; ailleurs il déclare qu'une société sans Dieu serait impossible. Ecrivant à l'abbé Prévost [1], il suppose évidemment l'existence d'un Dieu créateur ; à Diderot [2], qui faisait profession d'athéisme, il dit qu'il « est fort impertinent de prétendre deviner ce qu'il est, mais qu'il lui parait bien hardi de nier qu'il est. » Au duc de Richelieu [3], il soutient l'existence de Dieu contre Lamétrie qu'il appelle un fou.

« La certitude de l'existence de Dieu, » écrit-il au célèbre mathématicien Kœnig [4], « est notre besoin le plus grand. » Il soutient également l'existence de Dieu dans une lettre au comte d'Argental [5]; et n'a-t-il pas dit quelque part : « Je ne voudrais pas vivre sous un roi athée, parce que, si son intention était de me piler dans un mortier, je n'y échapperais pas »? Voyez-vous la confiance qu'il avait en un athée, et de fait, que ne peut-on craindre d'un individu qui a l'audace de nier l'existence de Dieu ? N'est-il pas capable de tous les crimes, pourvu qu'il puisse échapper à la justice humaine ?

J.-J. Rousseau, dont on veut également célé-

1. Juin 1738. — 2. Juin 1749. — 3. 31 août 1751. — 4. Juin 1753 — 5. 17 juillet 1769.

brer le centenaire, n'a pas douté non plus ni de l'existence de Dieu, ni d'une Providence, ni de la vie future. Ecoutez les admirables paroles qu'il adressait à Voltaire[1] : « Toutes les subtilités de la métaphysique ne me feront pas douter un seul instant de l'immortalité de l'âme et d'une Providence bienfaisante ; je la sens, je la crois, je la veux, je l'espère, je la défendrai jusqu'à mon dernier soupir. » Or, si quelqu'un avait intérêt à nier ces grandes vérités, que nous enseignent la foi et le bon sens, c'étaient évidemment ces deux personnages, dont on veut célébrer la fête ; s'ils ne l'ont pas fait, c'est qu'ils ont compris que c'était chose impossible.

Sa maladie, sa mort.

Voltaire quitta sa magnifique résidence de Ferney en 1778, âgé de quatre-vingt-quatre ans, et arriva à Paris le 10 février ; il alla loger chez le marquis de Villette, sur le quai qui porte son nom. (Pourquoi donner encore ce nom sinistre à un boulevard ?) A peine fut-il arrivé à Paris, que l'état de sa santé donna de vives inquiétudes à ses partisans. Le 20 février, l'abbé Gauthier, du clergé de Saint-Sulpice, apprenant sa maladie, lui écrivit pour lui offrir les secours spirituels ; Voltaire lui répondit qu'il acceptait de bon cœur sa visite, laquelle eut lieu le même jour ; dans sa lettre il lui annonce qu'il va bientôt paraître devant Dieu, créateur de tous les mondes ; autre preuve de sa croyance en l'existence de Dieu. Cinq jours après, c'est-à-dire le 26 février, le malade atteint d'un crachement de sang écrit de nouveau à l'abbé Gauthier : « Vous m'avez promis de venir pour m'entendre ; je vous prie de

1. J.-J. à Voltaire, 18 août 1756.

venir le plus tôt que vous pourrez. » Cette date du 26 février mérite d'être remarquée, comme nous l'avons dit, car le 26 février 1758, le philosophe écrivait à d'Alembert : « Dans vingt ans Dieu aura beau jeu » ; et vingt ans après, jour pour jour, il réclamait les secours de la religion. La lettre n'ayant été remise au prêtre que le lendemain, Mme Denis lui écrivit de son côté, en le priant de vouloir bien venir voir son oncle.

Le vicaire, avant de se rendre auprès du malade, alla prendre les instructions du curé de Saint-Sulpice, qui lui ordonna avant tout d'exiger une rétractation. Il fallut lutter pendant deux jours contre messieurs les philosophes qui voulaient s'opposer à cette rétractation ; enfin le prêtre l'emporta, le malade fit la rétractation, la signa, ainsi que deux témoins, et reçut alors les sacrements. Voici cette pièce importante : « Je déclare qu'étant attaqué, depuis plusieurs jours, d'un vomissement de sang, à l'âge de quatre-vingt-quatre ans, et n'ayant pu me traîner à l'église, M. le curé de Saint-Sulpice a bien voulu m'envoyer l'abbé Gauthier, prêtre ; que je me suis confessé à lui, et que, si Dieu dispose de moi, je meurs dans la religion catholique, où je suis né, espérant de la miséricorde divine qu'elle daignera me pardonner toutes mes fautes ; si j'ai scandalisé l'Eglise, j'en demande pardon à Dieu et à elle. — Voltaire, le 2 mars 1778, dans la maison du marquis de Villette, en présence de l'abbé Mignot, mon neveu, et du marquis de Villevieille, mon vieil ami, qui ont signé. » Cette pièce fut déposée en l'étude de maître Momet, notaire à Paris.

Après avoir été administré, le malade se trouva mieux ; les encyclopédistes revinrent auprès de lui, pour ne plus le quitter ; et oubliant alors le danger qu'il avait couru et les terreurs qu'il avait éprouvées, il eut le malheur de plaisanter avec ses prétendus amis sur sa *fantaisie* de *pénitence*, ne craignant pas d'abuser de la miséricorde divine, qui lui fit défaut plus tard.

Le 4 mars, Voltaire écrit à M. le curé de Saint-Sulpice une lettre respectueuse, dans laquelle il s'excuse de ne s'être pas adressé à lui dans la crainte de le déranger de ses importantes occupations. Le curé, M. de Tersac, lui répond qu'il se doit à tous ses paroissiens et surtout à un écrivain de si grands talents, dont l'exemple peut être utile aux autres. Mais, dès ce moment, d'Alembert, Diderot et Marmontel ne manquèrent pas un jour d'aller voir leur chef, afin d'empêcher le prêtre d'arriver jusqu'à lui, et lorsque celui-ci se présenta, le suisse lui dit qu'il n'y avait pas moyen de voir le malade.

Le 13 mars, l'abbé Gauthier écrivit à Voltaire pour savoir de ses nouvelles, et lui annonça qu'il s'était présenté plusieurs fois chez lui et toujours inutilement ; on lui a toujours répondu qu'il n'était pas visible. Le 15, Voltaire écrit à l'abbé que le maître de la maison a ordonné à son suisse de ne laisser entrer aucun autre ecclésiastique que le curé de Saint-Sulpice ; que, quand il aura recouvré un peu de santé, il se fera un plaisir de recevoir M. l'abbé Gauthier.

Le 30, l'abbé annonce encore à Voltaire qu'il s'est présenté plusieurs fois à son hôtel pour le féliciter de sa convalescence, et qu'on lui a toujours répondu qu'il n'y avait plus rien à faire ; il lui déclare qu'il ne frappera plus à d'autres portes qu'à celle de son cœur, qu'il prie et priera pour lui, et qu'il désire ardemment l'aider à parvenir au vrai bonheur. Cette lettre resta sans réponse.

Au mois de mai suivant, Voltaire rechuta et voulut encore appeler un prêtre ; mais d'Alembert, Diderot et Marmontel s'installèrent à son chevet, se montrèrent sourds à toutes ses réclamations, et ne permirent à deux prêtres de Saint-Sulpice d'approcher de lui qu'au moment où l'infortuné tomba dans le délire, et, le 30 mai, il rendit le dernier soupir dans le plus affreux désespoir; des maisons voisines, on entendait ses cris de rage : « Retirez-vous, retirez-vous, » hurlait-il, en apostrophant les encyclopédistes, « c'est vous qui m'avez perdu ! c'en est fait, je suis abandonné de Dieu et des hommes ! » Puis, tantôt avec fureur, tantôt avec l'accent du remords, il s'écriait : « Jésus-Christ ! Jésus-Christ ! » On l'entendait tour à tour invoquer ou blasphémer Dieu. Et les philosophes se moquaient de lui et riaient de ses terreurs ; ils défendirent aux gens de la maison de parler de ces tristes détails. Mais le duc de Richelieu, témoin de ce spectacle, s'enfuit en disant : « En vérité, c'est trop fort, on ne peut y tenir. » Mais les gens de la maison et les voisins parlèrent plus tard ; mais le docteur Tronchin, son médecin et son ami, a parlé également, et voici une partie de ce qu'il raconte dans une lettre adressée à M. Charles Romet[1], et dont l'original est à Genève : « En comparant la mort du juste, qui n'est « que le soir d'un beau jour, à celle de Voltaire, « j'ai vu bien sensiblement la différence qu'il y a « entre un beau jour et une tempête. Je ne me « rappelle jamais ce spectacle sans horreur... Rap- « pelez-vous les fureurs d'Oreste, et vous aurez « une idée de la mort de Voltaire. »

Tout ce qui a eu lieu à cette occasion se trouve relaté dans le mémoire que l'abbé Gauthier présenta à l'archevêque de Paris ; les pièces, parmi lesquelles la rétractation, la lettre de Voltaire et celle de sa nièce, furent déposées en l'étude de

1. Le 29 juin 1778.

maître Momet, notaire à Paris. Un célèbre astronome, qui affectait l'athéisme, M. de Lalande, doutait de la réalité ; il écrivit à M. Gauthier, qui promit de lui montrer le mémoire avec la rétractation signée de la main de Voltaire et les lettres qu'il lui avait adressées. M. de Lalande se rendit chez M. Gauthier qui le convainquit de l'authenticité du mémoire.

Triste fin de quelques philosophes.

Et maintenant, veut-on savoir de quelle manière les trois philosophes, qui ont repoussé les prêtres du lit de leur chef, ont terminé leur vie ? Condorcet joua le même rôle, rôle bien lamentable, en 1783, à la mort de d'Alembert, en empêchant le curé de Saint-Germain d'entrer dans sa chambre, et il eut l'audace de dire : « Si je ne m'étais trouvé là, il faisait le plongeon. » Diderot, dans sa maladie, reçut plusieurs fois la visite du curé de Saint-Sulpice ; mais ses cruels amis trouvèrent le moyen de faire cesser ces visites, et le malheureux mourut sans les secours de la religion, le 2 juillet 1784. Marmontel fut plus heureux : il mourut, en 1796, dans des sentiments vraiment chrétiens. Quant à Condorcet, il s'était empoisonné le 28 mars 1794. Voilà quelle a été la fin de quelques-uns des ennemis les plus acharnés de la religion à cette triste époque.

Sentiments de quelques écrivains sur Voltaire.

Je ne rappellerai pas le portrait que fait de Voltaire l'illustre comte de Maistre : il est assez connu. Je ne citerai que ces deux mots : « Paris le couronna, Sodome l'eût banni. » Pendant la *Commune*, une statue fut élevée au chef des incrédules par les soins des rédacteurs du *Siècle ;* c'était bien choisir son temps, alors que les Prussiens souillaient le sol de notre patrie ; le successeur du grand Frédéric devait être heureux de cet hommage rendu à un homme qui regrettait d'être Français et de n'être pas Prussien. On sait quelle honteuse blessure reçut cette statue, qui, du reste, avait une attitude fort disgracieuse sur ce haut piédestal.

Voici ce qu'a écrit Benjamin Constant : « Le voltairianisme descend de ses tréteaux usés ! Pour rire encore avec Voltaire aux dépens des Livres saints, il faut posséder deux qualités qui rendent cette gaieté fort triste : une grande ignorance et une grande légèreté. » Nous recommandons ces paroles aux admirateurs du philosophe. Alfred de Musset n'est pas suspect en maudissant Voltaire, quoique atteint lui-même et tourmenté par le doute. Renan, qui n'a pas craint d'entreprendre, lui aussi, l'œuvre de destruction religieuse, a dit pourtant : « Voltaire ne comprenait ni la Bible, ni Homère, ni l'art grec, ni les religions antiques, ni le christianisme, ni le moyen-âge [1]. »

Victor Hugo, qui, aujourd'hui, exalte le grand homme, et qui a soulevé les vives protestations du Sénat, lorsqu'il a osé dire que Voltaire a créé la *liberté religieuse,* avait appelé l'*Encyclopédie* un *monument monstrueux, dont le Moniteur de notre Révolution est l'effrayant pendant...* « Malheur au faible qui n'a qu'une âme pour fortune et qui l'expose aux séductions de ce magnifique repaire ! Temple monstrueux où il y a des témoignages pour tout ce qui n'est pas la vérité, un culte pour tout ce qui n'est pas Dieu. » Il dit encore : « Nous regrettons pour lui-même, pour les lettres, qu'il ait tourné contre le ciel cette

1 *Revue des Deux-Mondes,* 1er mai 1864.

puissante intelligence qu'il avait reçue du ciel ; nous gémissons sur ce beau génie qui n'a pas compris sa sublime mission, sur cet ingrat qui a profané la chasteté de la muse et la sainteté de la patrie, sur ce transfuge qui ne s'est pas souvenu que le trépied du poète a sa place près de l'autel. » Ce beau langage, si conforme à la vérité, Victor Hugo pourrait bien se l'appliquer à lui-même ; il a fait là son propre portrait, et d'une parfaite ressemblance. Après avoir dépeint la corruption du dix-huitième siècle, il dit aussi que « Voltaire a été comme un serpent dans un marais, qu'il fallait tout son venin pour mettre cette fange en ébullition [1]. » Le même auteur n'a-t-il pas composé ces deux vers :

Voltaire, ce singe du génie
Chez l'homme en mission par le diable envoyé ?

Un autre écrivain a dit : « Les expressions ordinaires de dégoût sont insuffisantes, dès qu'il s'agit de Voltaire. » Un autre a eu bien raison de dire : « Le grincement de cette voix homicide a quelque chose qui n'est pas de l'homme ; ce rire aigu au milieu de tant de tristesse et d'infamies, ces railleries immenses qui s'acharnent à de si formidables malheurs, cela fait mal, cela fait peur [2]. » Selon la religion et la patrie, a dit Michelet, Jeanne d'Arc est une sainte ; or, on sait de quelle manière Voltaire a traité cette héroïne et cette sainte.

Arsène Houssaye, qui n'est pas suspect non plus, fait, dans le *Roi-Voltaire*, un tableau qui n'est pas flatteur de la conduite ignoble de ce philosophe et de la marquise du Châtelet, « femme sans foi, sans mœurs et sans pudeur. » Mme de Rupelmonde, autre idole du grand homme,

1. Œuvres complètes de V. Hugo, litt. et philos. tome II. — 2. Romain Cornut, discours sur Voltaire.

n'était ni moins crédule, ni moins débauchée. Un procureur général de la Cour de Caen, dans un discours de rentrée, a prononcé ces énergiques paroles : « Il est digne de l'exécration des peuples, l'écrivain licencieux, blasphémateur, sans conscience, sans vergogne, qui a commis au premier chef le crime de lèse-nationalité française en jetant à la grande figure de Jeanne d'Arc les ordures de sa pensée et les rimes de sa muse impudique. » Le *Siècle* lui-même, grand admirateur du patriarche de Ferney, n'a-t-il pas dit : « Malheur à quiconque se fera le champion de Voltaire, s'il veut être admis dans la bonne compagnie et faire son chemin » ? — Aujourd'hui, » a-t-il ajouté, « il serait impossible d'écrire, sans s'exposer à des poursuites, ce que Voltaire écrivait. » Malheureusement cela n'est pas toujours vrai, et il y a des journaux à notre époque, qui valent le philosophe du dernier siècle en impiété et en calomnie.

Terminons par ces paroles d'un de ses plus grands panégyristes, Chabanon, qui le connaissait parfaitement : « Il faut l'avouer, l'humeur rend Voltaire dans tous les cas injuste, forcené, si j'osais, je dirais féroce. »

Pourquoi je ne dis rien de ses vertus.

J'avais annoncé en commençant que j'allais faire le tableau des vices et des vertus de Voltaire ; je me suis acquitté consciencieusement de la première partie ; j'ai fait ressortir sans passion, sans exagération, quelques-uns des vices de l'illustre philosophe. Mais je ne me sens pas assez de courage, ni assez de science pour parler de ses vertus, ou plutôt je n'en connais aucune ; j'ai eu beau chercher, examiner, réfléchir : je n'en ai pas aperçu dans sa vie. Sans doute, on rencontre quelques faits isolés qu'on pourrait louer à la rigueur ; mais quelques actes, fort rares du reste, ne constituent pas une vertu. Qui dit *vertu* dit une habitude du bien, et non un acte isolé. Voilà le motif qui m'a commandé le silence sur l'article *vertus*, et je crois que la prudence m'en faisait une loi. Voici du reste en raccourci le portrait moral du héros : on verra s'il y avait là une place pour les vertus.

Portrait de Voltaire.

Mauvais fils, mauvais frère, sans cesse en révolte contre son père, diffamateur de sa mère, écolier indocile, jeune homme libertin, orgueilleux au suprême degré, jaloux, vindicatif, injuste envers les autres écrivains, menteur, fourbe, dédaigneux envers le peuple, vil adulateur des grands, des despotes, des courtisans en renom, insulteur de la France, antipatriote, regrettant de n'être pas Russe ou Prussien, ingrat, voleur, escroc, d'une hypocrisie dégoûtante, vieillard débauché sans vergogne, impie, blasphémateur, etc. Et qu'on ne dise pas que ce tableau est chargé ; il n'y a qu'à lire la correspondance du philosophe pour être convaincu que le portrait est d'une parfaite ressemblance.

Comment on a conservé cette correspondance.

A propos de cette correspondance, on pourrait demander comment il est possible que des lettres d'un style si ordurier et qui renferment tant de grossières insultes, tant d'ignobles calomnies, aient pu voir le jour ; comment, pour l'honneur de cet écrivain, on ne les ait pas détruites, au lieu de les imprimer, de les conserver, de les propager. D'abord ces lettres s'adressaient pour la plupart à des amis, à d'intimes complices, qui se gardaient bien de les montrer à ceux qui étaient l'objet de ces insultes ; l'auteur eût été poursuivi du mépris public. Aussi, quelque temps avant sa mort, Voltaire commanda de détruire ces lettres ; il disait à Duvernet qui le rapporte : « Brûlez ces paperasses, on m'y verrait trop en laid, ou trop en négligé. » Mais, par excès d'admiration pour le grand homme, et regardant comme sacré tout ce qui sortait de sa plume, Duvernet jugea à propos de ne rien brûler, et voilà comment nous avons le bonheur de posséder cette correspondance, qui nous fait si bien connaître les sentiments intimes de cet homme qui a joui, jusqu'à présent, d'une réputation si peu méritée.

Raisons qui devraient faire proscrire la fête du centenaire.

Voici, à mon avis, ceux à qui la raison, le bon sens, les convenances, la justice, l'honneur, le patriotisme, la religion devraient interdire la participation aux fêtes du centenaire.

Etes-vous partisans de l'instruction obligatoire ? vous ne pouvez fêter celui qui voulait laisser le peuple dans la plus profonde *ignorance*.

Etes-vous pour la liberté, l'égalité, la fraternité ? Comment pourriez-vous honorer celui qui favorisait l'esclavage, qui traitait le peuple de *canaille*, qui avait des vassaux et des serfs dans son domaine ?

Vous dites-vous libéraux, démocrates, radicaux, socialistes, démagogues ? Mais Voltaire était un vrai despote et le vil adulateur des plus grands despotes ; il vivait en grand seigneur, et se faisait de gros bénéfices dans le honteux commerce des nègres.

Aimez-vous sincèrement le peuple ? désirez-vous le rendre heureux, autant que la chose est possible ? Mais vous savez que le grand homme méprisait souverainement le peuple et le traitait en bête de somme, puisqu'il disait qu'il lui fallait un joug, un aiguillon et du foin !

Etes-vous partisans du vote universel ? écoutez ce que disait votre philosophe : « Je n'entends point, par voix publique, celle de la populace qui est presque toujours absurde... ce n'est point une voix, c'est un cri de brutes ; je parle de la voix des honnêtes gens qui savent réfléchir. »

Aimez-vous la vérité, la justice, la probité ? Voltaire avait érigé le mensonge en maxime, et il en profitait largement. Il avait soutenu des procès iniques, ruiné d'honnêtes ouvriers, trompé ses imprimeurs, volé des livres et des manuscrits.

Tenez-vous à l'honneur, à la décence, aux bonnes mœurs ? Comment auriez-vous le courage d'adresser vos hommages à celui qui a été un libertin dans sa jeunesse, un débauché jusqu'à la vieillesse la plus avancée, qui a prostitué ses adulations à de puissantes, mais viles courtisanes, et qui trouvait son bonheur à pervertir la société par les plus infâmes écrits ?

Etes-vous vraiment Français par le cœur, véritablement dévoués à votre patrie ? Mais vous n'ignorez pas que Voltaire saisissait toutes les occasions d'insulter la France, se réjouissait de ses défaites, félicitait ses ennemis vainqueurs, regrettait d'être Français, et de n'être ni Russe ni Prussien.

Etes-vous surtout vraiment et solidement chrétiens ? professez-vous un véritable respect, un amour sincère, une juste reconnaissance pour cette religion qui a civilisé le monde, qui a fait en particulier la grandeur de la France, qui a été et qui est encore la souveraine bienfaitrice de l'humanité ? Oh ! alors comment pourriez-vous, en conscience, célébrer une fête en l'honneur d'un écrivain qui, pendant près de soixante-dix ans, n'a cessé de déverser sur cette religion le mépris, les outrages, les calomnies et les blasphèmes, et qui s'était flatté de l'anéantir ?

Avez-vous en horreur l'hypocrisie ? Souvenez-vous que cet homme a été un misérable tartufe, et qu'on peut l'appeler, en toute vérité, le roi des hypocrites.

En dehors de tous ceux que nous venons de citer, que reste-t-il ? Quelques petits bourgeois, quelques commis-voyageurs, ou quelques demi-savants de village, qui se glorifient d'être voltairiens, sans comprendre précisément ce que cela signifie, qui s'imaginent que ce titre les place au-dessus de la religion, les dispense d'en croire les vérités et d'en pratiquer les devoirs. Et puis, des gens sans aveu, toujours prêts à suivre le drapeau de ceux qui flattent les passions et favorisent le désordre.

Et maintenant, j'irai plus loin : je m'adresserai à ceux-là mêmes qui n'ont pas honte de professer l'athéisme, le matérialisme, et je leur dirai : Vous êtes en contradiction avec vous-mêmes en voulant célébrer une fête en l'honneur des deux hommes que vous idolâtrez ; car ils n'étaient ni athées, ni matérialistes. Voltaire le déclare formellement, et J.-J. Rousseau plus formellement encore.

Est-ce parce que Voltaire était un homme de beaucoup d'esprit que vous lui préparez des honneurs ? Personne ne le conteste ; mais la France n'a jamais été pauvre en hommes d'esprit ; on pourrait citer bon nombre de personnages qui avaient autant d'esprit que lui, et en même temps plus de talents, plus de science, plus de génie, et qui se recommandaient tout à la fois par leur probité, leur honnêteté, par les qualités les plus estimables, par des vertus solides et quelquefois héroïques, des hommes qui savaient se respecter eux-mêmes, et respecter leurs concitoyens, leur patrie, leur religion, et tout ce qui est vraiment respectable. D'où vient donc qu'on les oublie, ces personnages qui sont la gloire de la France, et qu'on réserve tous les honneurs à celui qui en est le moins digne? Une remarque à faire, c'est qu'il est plus aisé de montrer de l'esprit quand on n'est arrêté par aucune considération d'honneur, de justice, de religion; quand on se croit libre de déverser le ridicule, le sarcasme sur tout ce qu'il y a de plus respectable; non pas que la religion, la piété étouffe l'esprit, mais parce que l'homme d'honneur comprend qu'il y a des limites que les convenances défendent de dépasser.

Ah! il est bien facile de comprendre le vrai, le seul motif de cette fête que l'on prépare, et que la pudeur empêche d'avouer franchement; ce qu'on veut honorer dans cet homme, c'est sa haine infernale contre la religion. Eh bien! c'est précisément ce qui doit lui aliéner tous les cœurs vraiment honnêtes, et c'est précisément aussi ce qui devait engager ses aveugles admirateurs à jeter un voile sur les infamies de ce personnage, dans son véritable intérêt et pour l'honneur de la France.

Les mêmes raisons qui condamnaient d'avance les fêtes du centenaire s'opposent évidemment à toute autre solennité en faveur de ce triste personnage.

FIN

TABLE DES MATIÈRES

5598 — Paris, Imp. de Saint-Paul, L. Philipona, 51, r. de Lille.

EN VENTE :

Chez l'auteur, à la Varenne-Saint-Hilaire (Seine)
Chez l'éditeur et autres libraires.

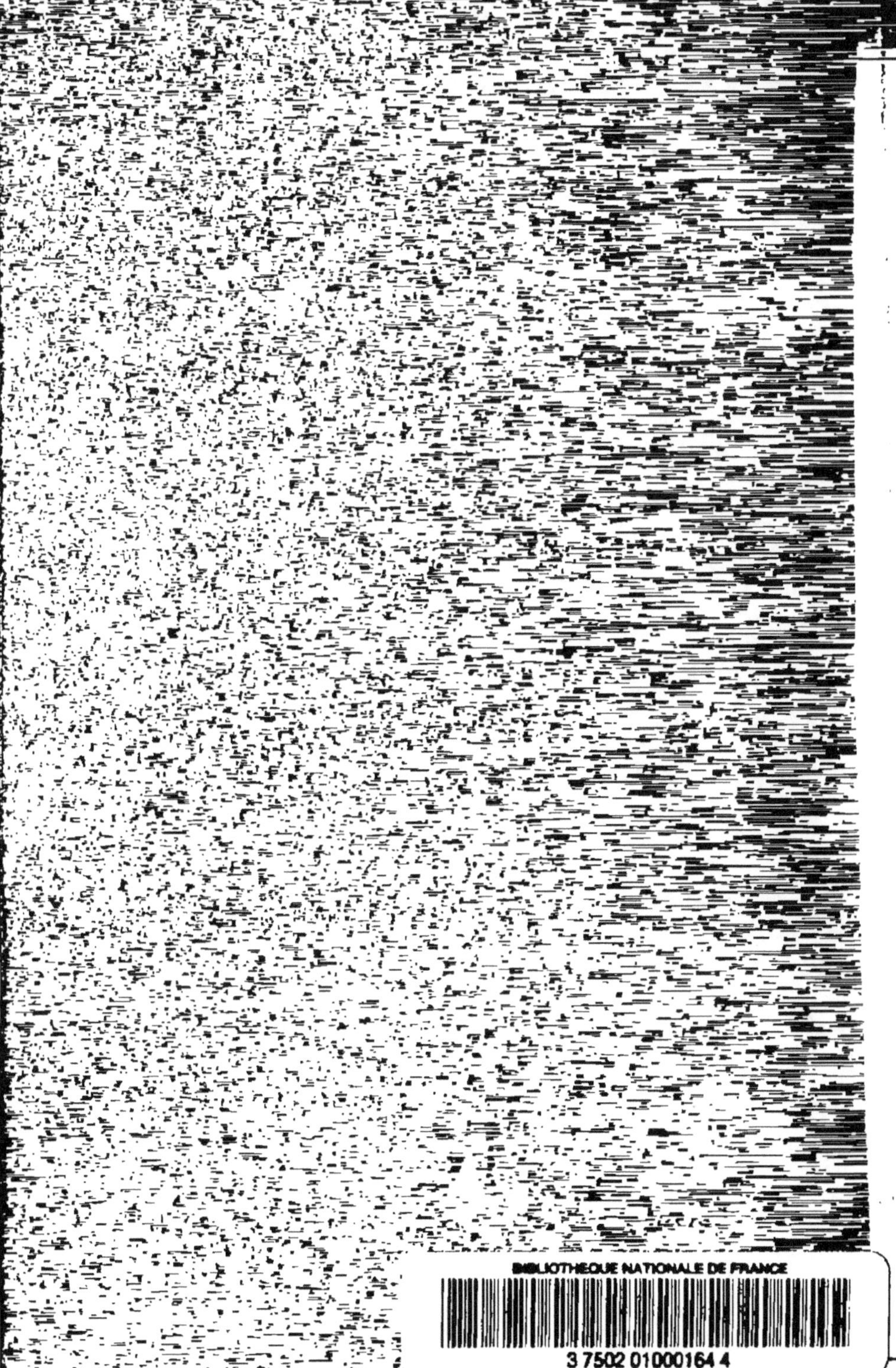

www.ingramcontent.com/pod-product-compliance
Lightning Source LLC
LaVergne TN
LVHW020451230826
846091LV00004B/1653
* 9 7 8 2 0 1 1 9 2 7 5 1 4 *